特殊教育系列

"国家级一流本科课程"教学用书

中国手语教程

（初级）

倪 兰 ◎ 主 编

复旦大学出版社

编写成员

陈雅清　倪颖杰　赵明华　何立峰　王仲男
王雅琪　张晓倩　朱莉娜　孙　玲　和子晴

手语演示

朱莉娜　单仁冰

图片绘制

何立峰

视频剪辑

辽宁向日葵教育科技有限公司

教材审定

顾定倩　张吉生　仰国维

前言

　　手语是聋人之间、聋听之间交流使用的一种视觉-手势语言。早期人们认为手语是图画式的,像哑剧一样比划,是模仿具体的现实而产生的,没有像有声语言那样具有严格的语法结构;还有人认为手语仅仅是有声语言的手势表达。20世纪60年代,美国学者威廉·斯多基(William Stokoe)在对他所执教的加劳德特大学(Gallaudet University)的聋人学生使用的手语进行详细调查分析后,认为手语是一种独立的语言,并发表了《手语结构》(Sign Language Structure: An Outline of the Visual Communication Systems of the American Deaf, 1960)一文,成为手语语言学的开端,从此手语进入了语言学者的视野,"手语语言学"(Sign Language Linguistics或Sign Linguistics)也逐渐成为语言学研究的独立门类。

　　60年来,手语研究积累了大量学术成果,世界各国的语言学者逐渐把各国手语研究纳入语言学研究的视野。随着对手语研究的深入,语言学者逐渐认识到手语和有声语言一样,可以表达深刻的思想、丰富的情感,实现所有人类语言具有的沟通交流、信息传达的功能。手语语言学者的研究证明:手语可以和有声语言一样被分析成音素级单位;手形、位置、运动、方向是构成一个手势的要素;手语也有单纯词和复合词之分;手语句子也有完整的句法成分,拥有独立的语法体系。中国大陆的手语语言学研究始于21世纪初,习惯上将中国大陆的手语称为中国手语(Chinese sign language),简称为CSL。

　　中国手语的发展与中国聋人教育的历史紧密相关。中国聋人教育始于1887年美国传教士米尔斯(Charles Rogers Mills)夫妇在山东烟台开办的"登州启喑学馆"。1914年,中国人自办的第一所聋校在杭州诞生。1920年,上海群学会聋哑学校编印了中国人自己的第一套聋人教材《聋哑教本》。到1949

年,伴随60多年聋人教育的发展,中国手语也逐渐发展成熟,但存在各地手语混杂、没有统一规范的状况。中华人民共和国成立以来,国家进行了一系列手语规范化工作。中国手语规范化工作大致可以分为五个阶段:一、1959年前各地手语自我发展阶段;二、1959—1978年"聋哑人通用手语草图"阶段;三、1979—1985年"聋哑人通用手语图"阶段;四、1985—2010年"中国手语"阶段;五、2010年至今"国家通用手语常用词表"阶段。

根据2006年第二次全国残疾人抽样调查数据,全国有近2 000万听力残疾人口,其中有20%的听障人群使用手语作为主要沟通工具。《国家中长期语言文字事业改革和发展规划纲要(2012—2020年)》首次将手语和盲文规范化工作列入语言文字工作的任务体系。2015年10月,中国残疾人联合会、教育部、国家语委、国家新闻出版广电总局联合发布《国家手语和盲文规范化行动计划(2015—2020年)》,成为手语、盲文规范化工作的一个重要里程碑。2016年发布的《国家语言文字事业"十三五"发展规划》,进一步提出"服务特殊人群语言文字需求"。2018年3月9日,教育部、国家语委、中国残联联合发布语言文字规范《国家通用手语常用词表》(GF0020-2018)。推广和规范使用国家通用手语,是增进聋健、地区间交流,促进教育、文化、信息化等各项事业发展的必然选择。

随着国家对特殊教育的关注,越来越多的特殊教育专业院系、大专院校开设手语课程,作为专业必修课、选修课和通识课程,对高质量手语教材的需求不断上升。由于手语研究的不断深入,我们对手语习得也有了新的认识和理解。无论是作为第一语言的学习还是作为第二语言的学习,都要掌握这种语言的语音、词汇和语法。因此,我们需要按照语言学习的规律去编写相关教材,按照语言教学的模式去安排教学资源,这也是我们编写这套教材的初衷和目的。我们在前期开设中国手语通识课程的丰富实践基础上,编写了本套手语教材。

本套教材共计三册,分别对应初级、中级、高级手语水平的学习者,每册分十课,每课包含词汇、句型、对话、词语注释、语言学知识、词汇拓展、练习七个部分。按照任务教学设计原则,每课选取不同场景、不同话题的对话,并按照从易到难的分级原则,选择常用词汇和句型,兼顾第二语言的有意识学习原则,循序渐进地讲解词语和手语语言学的相关知识。我们特别邀请聋人参与手语视频制作，每课的词汇、句型、对话和词汇拓展部分都可以通过扫描二维码观看视频资料，使学习者可以更加直观地学习真实的自然手语。每册教材的附录部分包含词汇总表，可以帮助学习者查阅本册教材学习的手势词汇。同时，每册教材中还放入了汉语手指字母表和常用手形表，帮助学习者准确地掌握手势的打法。为了方便大家研究和学习，我们设计制作了"中国手语常用手形字库"，简称CSL-handshape2020，也通过本教材正式发布，并应用在本教材的词语注释部分。"中国手语常用手形字库"将作为本教材的一个部分提供给研究者和学习者下载使用，具体使用方法见附录说明。

需要说明的是，本教材之所以定名为"中国手语"，是为了与其他国家手语的名称保持一致，如美国手语（ASL）、英国手语（BSL）、德国手语（DGS）等。尽管在很长的一段时间，由于《中国手语》词典的广泛影响，"中国手语"一词特指《中国手语》词典，也有人用"中国手语"指按照汉语句法打出的手势汉语。我们认为，"中国手语"应该是中国各地区手语的统称，包括国家通用手语和中国各地使用的地方手语，正如"汉语"包括普通话（国家通用语）和各地汉语方言。尽管中国手语内部有地域的差异，但主要是词汇上的差异，语法差异并不大，以北京手语和上海手语为主要代表方言。

该教材的词汇部分以2018年5月由教育部、国家语委、中国残联联合发布的《国家通用手语常用词表》为基础，也兼顾其他地区的手语词汇用法，主要是南方手语的代表——上海手语。部分词语因常用词表没有收录，我们采用了上海手语的打法。我们通过60 000多条数据的语料分析，共筛选出中国手语常用手势1 500个左右，分布在初级（500个左右）、中级（1 000个左右）。高级词汇则扩展至约2 000个手势。通过词汇分级、语法分级，建立循序渐进的语言学习模式。

本教材采用聋人和听人合作的编写模式，听人编写者负责建立教材框架、确立词汇筛选原则、词语注释和语言学知识撰写、练习的编写，聋人编写者负责词汇选择、手势打法确定、句型和对话的编写。该教材的编写过程历时一年多，得到众多师长、同侪、聋人朋友的鼓励和支持，在此表示感谢！期待该教材能够帮助更多的聋听学习者掌握手语这门有趣、生动的视觉语言。

手势动作箭头说明

运 动 类 型	箭 头 图
直线运动	→
直线终点停顿	→▌
弧线运动	⌒→
弧线终点停顿	⌒→▌
连续重复移动	⌒→⌒→⌒→
环状运动	◯
颤动	∧∧∧∧
往返重复	Z→ ⌒Z→
重复	Z→ ⌒Z→

目 录

第一课
问 候

一、词汇 ··· 1
二、句型 ··· 6
三、对话 ··· 9
四、词语注释 ····································· 9
五、语言学知识 ··································· 11
六、词汇拓展 ····································· 12
七、练习 ··· 14

第二课
学 习

一、词汇 ··· 16
二、句型 ··· 21
三、对话 ··· 24
四、词语注释 ····································· 25
五、语言学知识 ··································· 26
六、词汇拓展 ····································· 28
七、练习 ··· 30

第三课
家　庭

一、词汇 …………………………………………………… 31
二、句型 …………………………………………………… 35
三、对话 …………………………………………………… 39
四、词语注释 ……………………………………………… 39
五、语言学知识 …………………………………………… 41
六、词汇拓展 ……………………………………………… 42
七、练习 …………………………………………………… 45

第四课
兴　趣

一、词汇 …………………………………………………… 46
二、句型 …………………………………………………… 51
三、对话 …………………………………………………… 54
四、词语注释 ……………………………………………… 55
五、语言学知识 …………………………………………… 56
六、词汇拓展 ……………………………………………… 58
七、练习 …………………………………………………… 60

第五课
天　气

一、词汇 …………………………………………………… 62
二、句型 …………………………………………………… 67
三、对话 …………………………………………………… 70
四、词语注释 ……………………………………………… 71
五、语言学知识 …………………………………………… 72
六、词汇拓展 ……………………………………………… 74
七、练习 …………………………………………………… 77

第六课
节　日

- 一、词汇 ·········· 78
- 二、句型 ·········· 83
- 三、对话 ·········· 87
- 四、词语注释 ·········· 87
- 五、语言学知识 ·········· 89
- 六、词汇拓展 ·········· 92
- 七、练习 ·········· 94

第七课
出　行

- 一、词汇 ·········· 96
- 二、句型 ·········· 101
- 三、对话 ·········· 104
- 四、词语注释 ·········· 105
- 五、语言学知识 ·········· 107
- 六、词汇拓展 ·········· 109
- 七、练习 ·········· 110

第八课
购　物

- 一、词汇 ·········· 112
- 二、句型 ·········· 116
- 三、对话 ·········· 119
- 四、词语注释 ·········· 120
- 五、语言学知识 ·········· 121
- 六、词汇拓展 ·········· 124
- 七、练习 ·········· 126

第九课
聚　会

一、词汇 …………………………………… 128
二、句型 …………………………………… 132
三、对话 …………………………………… 138
四、词语注释 ……………………………… 138
五、语言学知识 …………………………… 140
六、词汇拓展 ……………………………… 142
七、练习 …………………………………… 146

第十课
旅　游

一、词汇 …………………………………… 148
二、句型 …………………………………… 151
三、对话 …………………………………… 157
四、词语注释 ……………………………… 158
五、语言学知识 …………………………… 159
六、词汇拓展 ……………………………… 161
七、练习 …………………………………… 163

附录1　中国手语常用手形表 ……………… 164
附录2　词汇总表 …………………………… 176

第一课

问候

一、词汇

我

你

他/她/它

名字

我们

请

他们

谢谢

你们/大家

好

很

很好

第一课 问候

好不好

不行/不好

可以

什么/哪儿/谁

多少

看

见面/认识

高兴

生活

时间

长/远

没有₁

没有₂

也/一样

吃饭

请客

相信

第一课 问候

最近

经常/常常

忙

做/工作

加班

安静

比较

二、句型

1. 你好!

| 嗨 | 好 | |

2. 你叫什么名字?

| 你 | 名字 | 什么 |

3. 我叫张山。

| 我 | 张 | 山 |

4.很高兴认识你!

| 见面 | 高兴 | |

5.好久不见!

| 时间 | 长 | 见 | 没有₁ |

6.你过得好不好?

| 你 | 生活 | 好不好 |

7.我很好。

我	很好	

8.工作忙吗?

工作	忙	

9.很忙,最近经常加班。

很忙	最近	加班	很

三、对话

对话1

A：你好！你叫什么名字？
B：我叫张山。你呢？
A：我叫王红。
B：很高兴认识你！
A：我也很高兴！

对话2

A：你好！好久不见！
B：是啊，你过得好不好？
A：很好，你呢？
B：我也很好！
A：工作忙吗？
B：很忙，最近经常加班。
A：一起去吃饭吧！我请客。
B：好啊！

四、词语注释

1. "名字"是双手手势，左手 手形，右手食指依次划过左手的中指、无名指和小指，表示汉语姓名。聋人在日常交往中询问对方姓名，也会用右手食指在脸部轮廓划一个圈，然后双手 手形分别在脸部两侧交替晃动，加上疑问的表情来询问聋人常用的手语名字。

2. "我们""你们""他们"是复数人称代词，在中国手语中，单数人称代词之后加上单手 手形，掌心朝下，在胸前不同方向上的弧线运动,可以表示为复数人称代词。在实际使用中,可以不用加单数人称手势"你""他"。

3."好""忙""高兴"这些手势是形容词,可以有程度的变化,但通常不像汉语一样加上程度副词,而是依靠表情来表示程度的加强。有时也可以在形容词之后加上副词"很"。

4."不行"是一个情态副词,常常放在句子的末尾,表示"不行、不能、不可以",也可以是形容词,表示"不好"的意思。

5."什么""哪儿""谁"等疑问词在中国手语中都可以用同一个手势表示,即 手形,掌心朝外,在脸前左右晃动,并伴随疑问表情,在具体的上下文中可以表示具体的疑问内容。上海手语中还有其他单独表示"谁"和"哪儿"的手势。

6."也"在中国手语中是副词,还可以表示形容词"一样"的意思。单手 手形,在身体一侧晃动两下。

7."不""没有"等否定词在中国手语中常常出现在句末,有时也会在动词前或者动词后,也可以在动词前后都出现,常伴随摇头和否定表情。"没有"有多种打法。通用手语有两种打法:一种是单手 手形,拇指、食指、中指互相捻动,然后平伸手掌;另一种是单手或双手 手形,虎口朝内,左右晃动。地方手语也有两种打法:一种是单手或双手 手形,掌心朝外,左右晃动;另外一种是双手 手形,掌心向上平伸。

8."请客"有两种打法:通用手语是复合手势,右手 手形置于左手 手形的掌心上,双手同时向内打出"请"的手势,随后右手 手形自腰部向前移出,表示掏钱;上海手语中的"请客"是双手单纯手势,左手 手形置于身前,掌心向内,右手 手形自腰部向外运动,表示付钱,本教材采用上海手语中的打法。

9."忙"有两种打法:通用手语是双手手势,双手 手形,掌心朝下，在胸前交替前后晃动，但同样的手势在上海手语中表示"安排"；上海手语中的"忙"是单手手势，右手 ✋ 手形，掌心朝左，左右晃动，本教材采用上海手语中的打法。

10. "山"在中国手语中有多种打法：第一种打法是单手 🤟 手形，仿"山"的字形；第二种打法是双手 ✋ 手形，上下交错做起伏状运动，模仿连绵起伏的山脉的形状；第三种打法是单手 🤞 手形，主要用在地名、人名等专有名词中，本教材句子中的"张山"采用第三种打法。

五、语言学知识

手语的发音器与手势的构成要素

> **手语的发音器**

从语言输出的角度来说，有声语言依赖的是声带和负责共鸣的口腔、鼻腔等共同组成的发声系统，而手语依赖的是双手。两种系统虽然差异显著，但它们都是自然语言的发音器（articulator）。在语言学界，研究者普遍认可有声语言和手语之间的差异是跨模态的（cross-modality），发音器的不同就是这种跨模态差异的根源所在。

> **手势的构成要素**

手语之所以同有声语言一样被认定为自然语言，一个重要的原因就是研究者发现手语中的手势是可以分析的。

美国语言学家斯多基（William C. Stokoe）在1960年最早提出，手语中的手势由三个要素构成：手形、位置和运动。手形指参与表达的手的外形。在早期的研究中，手形作为一个整体的要素而存在；之后，手语研究者们逐渐发现手形也可以深入分析，如参与表达的手指、手指的弯曲度、手指间的开合度和开口度等。

位置指打手势时手所处的区域。例如,中国手语中的"知道"一词,手要与同侧太阳穴接触,"同侧太阳穴"就是该手势的位置。手势所接触或接近的任何身体部位均可认定为一个位置,因此,一种手语中可能存在的位置数量就会非常庞大,于是很多手语语言学研究者将几十个位置最终归纳为几个"主要位置"——头部、躯干、手臂和辅手[①]。

运动指手在空间中的移动或手形的改变。一般而言,运动根据手在空间中的位置变化分为路径运动和内部运动。路径运动通常以肩或肘为轴,手在三维空间中的位置发生上下、左右或前后移动;内部运动则包含手腕和手指的运动。在很多手势中,路径运动和内部运动也会同时出现。

在斯多基提出的三要素基础上,有学者还提出手掌的朝向也有区别意义的作用。这一观点被手语语言学界广泛接受,朝向成为构成手势的第四个要素。

除上述四个要素,有学者主张将非手控(non-manual)特征也作为手势的构成要素之一。非手控特征指手语中的表情和体态,在手语中也具有非常重要的词汇和语法功能。

六、词汇拓展

● 数字

0

1

2

3

---

① 手语的发音器是两只手,它们的分工不同,一只手是主动手,称为主手;另一只手是被动手,称为辅手。一般来说,右手是主手,左手是辅手,但如果打手势者是左利手,则情况刚好相反。

第一课 问候

千

万

亿

七、练习

1. 请练习汉语手指字母①的打法。

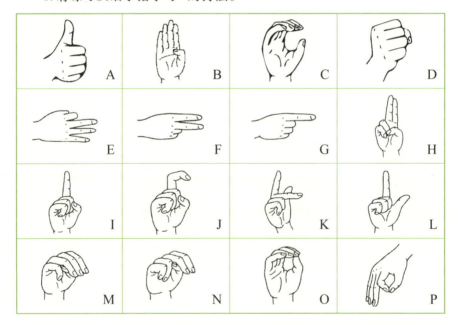

---

① 2019年11月1日,国家语委语言文字规范《汉语手指字母方案》正式实施。该规范由国家语委语言文字规范标准审定委员会于2019年3月审定通过。《汉语手指字母方案》由中国残疾人联合会、教育部、国家语言文字工作委员会共同发布实施。

(续图)

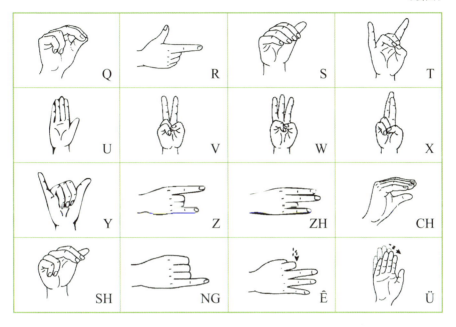

2. 请用手指字母拼打出自己的姓名。

如：张山 Zhang Shan

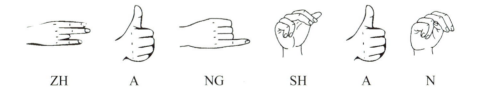

3. 请用学习过的手势询问他人的姓名并问候他人。
4. 有声语言和手语的发音器有哪些相同和不同之处？
5. 手势的构成要素有哪些？请举例说明。

第二课

学　　习

一、词汇

读书

学校

教

教室

第二课　学习

上课

下课

老师

学生

正确

错误

学习

复习

练习

作业

考试

手语/打手语

词语

记住

问

第二课　学习

回答/问候

问题

举手

懂/知道/明白

不懂/不知道

会

不会

简单

 难

 专心/认真

 进步

 退步

 说

 互相

 帮助

 要

 再见

回家

休息

二、句型

1. 上课了。

| 上课 | |

2. 大家好!

| 大家 | 好 | |

3. 请大家专心。

| 大家 | 专心 | 看我 | |

4. 有问题可以问我。

| 问题 | 什么 | 问我 | 可以 |

5. 你们回家要复习。

| 你们 | 回家 | |

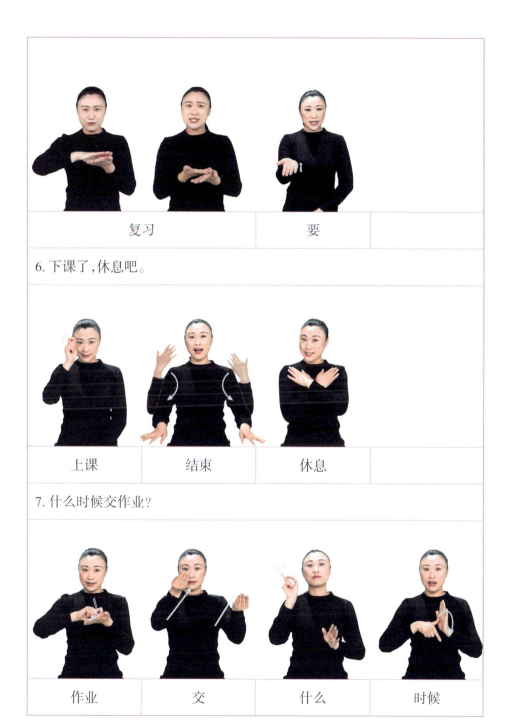

复习	要

6. 下课了，休息吧。

上课	结束	休息

7. 什么时候交作业？

作业	交	什么	时候

8. 你们可以互相帮助。

| 你们 | 互相帮助 | 可以 | |

三、对话

对话1

A：上课了。大家好！
B：老师好！
A：今天教大家问候手语，请大家专心。
A：教完了，你们明白了吗？有问题可以问我。你们回家要复习。
B：知道了。
A：下课了，休息吧。
B：好的。
A：再见！
B：老师再见！

对话2

A：今天的作业是什么？
B：完成练习，记住词语。
A：什么时候交作业？

B：下次上课交。

A：知道了，谢谢！

B：你们有问题可以互相帮助。

A：好的，谢谢！

四、词语注释

1. "教室"是复合手势，由两个手势组成，第一个手势是"教"，双手 手形，掌心向内，在胸前向外晃动两下，表示给予知识、教授的意思；第二个手势是"房子"，双手 手形，手指指尖相对搭在一起，模仿房屋的"人"字形屋顶。

2. 上海手语中的"上课""下课"是用单手 手形轻微晃动，模仿过去上课、下课时摇铃的动作；通用手语中的手形变为 手形，表示"课"的拼音首字母K。本教材采用上海手语中的打法。

3. 中国手语中没有时体助词"了"，但常常在动词之后或句末加上一个表示"完成"的手势，可以看作动词完成体的标记。

4. 上海手语中的"复习"是单纯手势，左右手都是 手形，右手在左手上反复翻转，表示"反复"；通用手语中的"复习"是复合手势，"反复"+"学习"。本教材采用上海手语中的打法。

5. "练习"有两种打法：通用手语中的"练习"是单纯手势，左右手都是 手形，右手的掌心和手背分别与左手掌心接触摩擦；上海手语中也是单纯手势，左手 手形，掌心朝内，拇指朝上，右手 手形，右手在左手之下，掌心向上，反复微微晃动。本教材采用上海手语中的打法。

6. "作业"有两种打法：通用手语是复合手势，先两手握拳，一上一下，右拳小指处接触左拳虎口，表示"做"，然后左手 手形，掌心向内，右手食指横伸置于左手四指根部，仿汉字"业"的字形；上海手语是双手单纯手势，右手呈握笔状的 手形在左手 手形掌心上反复移动，模仿写作业的样子。本教材采用上海手语中的打法。

7. "手语"是双手手势，双手 ✋ 手形，掌心相对，在胸前交替运动，还表示"打手语"的意思。该手势动名词同形。

8. "问"是单手手势，右手 ☝ 手形。"问"是中国手语中的一致动词，即手势会根据主语和宾语的变化而发生手掌朝向的改变，手掌方向始终朝向被问者。

9. "问题"是一个名词手势，右手食指在空中书写一个问号，上海手语中问号的点会点在伸展的左手手心上。本教材采用通用手语中的打法。

10. "不懂/不知道"有多种打法：第一种是单纯手势，右手 ✋ 手形在额头中部向一侧抹一下，然后四指弯曲；第二种也是单纯手势，小指侧接触太阳穴；第三种也是单纯手势，食指指尖接触太阳穴，同时伸出小拇指，这个手势也表示"不会"；第四种是复合手势，即食指指尖接触太阳穴表示"知道"的手势，再加上"不"的手势。通用手语中采用第一种和第二种打法，本教材采用第一种打法。

11. "互相"是双手对称手势，双手 ✋ 手形，掌心向内，然后手腕转动，掌心向外。在实际交际中，根据所指称的空间位置，手势运动方向会发生改变，掌心朝向也会根据具体情况发生变化，例如，可以掌心相对，手腕变为左右转动。

五、语言学知识

单手手势和双手手势

相较于有声语言，手语发音器的另一重要特征就是可以同时利用两个完全相同的发音器官进行表达，即左手和右手。

两个发音器官可以同时参与表达，使得我们将手势简单分为两类——单手手势和双手手势。在日常生活中,我们吃饭、写字时往往有惯用手,在手语中也是如此。手语研究者很早就注意到手语中发音的双手存在不平衡性,这一点从双手的命名上就可略知一二——主手(dominant hand)和辅手(non-dominant hand),也有人称之为"强势手"(strong hand)和"弱势手"(weak hand),或"倾向手"(preference hand)和"非倾向手"(non-preference hand)。

双手在生理上是相互独立的,日常生活中我们也可以自由随意地使用,然而手语中双手之间的关系并非如此简单,双手手势中,辅手要受到严格的制约。巴蒂森(Robbin Battison)在1978年就对双手手势中的主手和辅手关系进行了总结,将双手手势分为三类。

类型一:双手均为主动手,且做相同的动作;双手互相接触或不接触,接触或不接触身体,同时或者交替地进行运动。

类型二:一只手为主动手,另一只手为被动手,但双手手形相同。

类型三:一只手为主动手,另一只手为被动手,且双手手形不同。

他还进一步针对辅手提出了两个限制条件:

(1)对称条件(the Symmetry Condition):当双手手势中的两只手都独立运动时,一般呈现相同手形,并做相同运动(同时进行或交替进行),双手手掌朝向与运动方向也相同或对称。

(2)(主手)优势条件(the Dominance Condition):当双手手势的两手手形不同时,两手必有主、辅手之分,主手为主动手,辅手为被动手,主手承担运动而辅手不动,且辅手手形一般限定在一个较小的集合中,如中国手语中的 等手形。

其他手语研究者在巴蒂森的研究基础上不断地对辅手限制条件进行修改,总体而言,双手手势的辅手主要有两类功能:或是复制主手(同主手对称),或是作为主手的发音位置。

六、词汇拓展

● 工具

铅笔

橡皮

尺子

剪刀

钳子

铲子

圆规

刀

筷子

菜刀

第二课 学习

杯子　勺子　锅　刷子　螺丝刀　拖把　扫帚　吹风机　梳子　插座　卷尺

扳手

榔头

电钻

七、练习

1. 请分析手势"老师"的四个要素。

2. 举例说明我们学习过的哪些手势是单手手势？哪些手势是双手手势？

3. 我们在手语的双手手势中如何判断主手和辅手？

4. 请用下面的手势词汇练习疑问句。

什么　哪里　谁　多少　好不好　回家　作业　问题　杯子　他　学生

第三课

家　　庭

一、词汇

家

人

现在/今天

在

男

女

同事

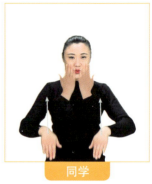
同学

朋友

亲戚/亲人

邻居

医生

警察

第三课　家庭

开始

毕业

跟

有

是

不是

谁₂

这

那

爱

睡觉

出生

青年

老人

孩子

关心

自己

二、句型

1. 我家有五口人。

| 我 | 家 | 人 | 五 |

2. 我没有叔叔。

| 我 | 叔叔 | 没有₁ |

3. 你做什么工作?

| 你 | 工作 | 什么 | |

4. 他不是医生,是学生。

| 他 | 医生 | 不是 | |

| 是 | 学生 | |

5. 他/她是谁？

| 他/她 | 谁₂ | | |

6. 我姐姐是警察。

| 我 | | 姐姐 | |

| | 警察 | |

7. 我和他是朋友。

| 我 | 他 | 朋友 | |

8. 他和我是同事,也是同学。

| 他 | 我 | 同事 | |

| 也 | 同学 | |

三、对话

对话 1

A：你家有几口人？
B：我家有五口人。爸爸、妈妈、爷爷、奶奶和我。
A：你做什么工作？
B：我现在是学生。
A：你在哪里读书？
B：在上海。
A：你毕业以后做什么？
B：我想做医生。

对话 2

A：照片里这个女的是谁？
B：这是我姐姐。
A：你姐姐做什么工作？
B：她是警察。
A：这个男的是她丈夫吗？
B：不是，他是我姐姐的同事。

四、词语注释

1."家"是双手 手形，手指指尖相对搭在一起，模仿房屋的"人"字形屋顶。这个手势可以构成与"家""室""馆""局""所"等和房子有关系的复合手势，是一个构词能力很强的手势。

2."人"是一个仿字的手势，模仿汉字中的"人"，用双手食指相搭组成"人"字。

3."在"是中国手语中少有的虚词之一，一般认为是介词，但聋人在交流中常常省略这个介词。因为介词"在"的功能主要表示空间关系，手语本身就是视觉语言，它可以通过手势在空间中的位置来表示物体和事物的空间关系，而不需要像有声语言一样借助介词来表示空间关系。

4."女"是用拇指和食指在耳垂捏一下，用女士戴耳环来表示"女性"的意思。可以单独使用，也可以和其他手势组成复合手势，如"结婚"+"女"表示"妻子"，"女"+"孩子"表示"女孩"。

5."同事"是一个复合手势，由"工作"和"一样"两个手势复合而成。

6."亲戚"是单手 ![手形] 手形，掌心向内，在下巴处划过。中国手语中表示亲属称谓的名词多出现在嘴部位置，如"爸爸""妈妈""叔叔""哥哥"等。

7."是/不是"在中国手语中一般不作为系动词使用，即不在判断句中出现，而是在对话中对他人的观点表示赞同或不赞同，对他人的判断表示承认或否认，或表示对疑问内容的确定或否定。

8."谁$_2$"是上海手语中特指人的疑问代词的另一种打法，![手形] 手形，掌心向内，在鼻子前方抖动手指，面露疑惑，与通用手语中疑问代词"谁$_1$"表示的意思相同。本教材同时采用这两种打法。

9."这""那"是中国手语中的两个指示手势，对应有声语言中的近指和远指。

10."阿姨"在通用手语中是单手相继打出 ![手形] 和 ![手形] 手形，表示"阿"的拼音字母A，和"姨"的拼音首字母Y；在上海手语中是单手的 ![手形] 手形，掌心接触左上臂，并反复向上移动。本教材采用上海手语中的打法（见词汇拓展部分）。

五、语言学知识

指　拼

指拼（fingerspelling）是指用手指字母拼打出有声语言的词汇和句子，一般认为不同手语中的指拼系统是手语向有声语言"借音"的一种体现。不同手语的指拼系统各不相同，且与该手语所在地区处于强势地位的有声语言关系密切。例如，英国手语和美国手语虽然差异较大，但它们各自的手指字母均为表示26个字母的26个手形。其中，英国手语的手指字母均为双手手形，而美国手语的手指字母均为单手手形。日本手语的手指字母共有46个手形，分别用来表示日语中的假名；同时还包含几种不同的运动方式来表示日语中的变音符号，当表示假名的手形向侧边运动时，则代表该假名的浊音形式。中国手语的汉语手指字母，分别表示汉语拼音中的声母和韵母，因此还包含汉语拼音中特有的翘舌声母"zh""ch""sh"和后鼻音韵母"ng"；新修订的汉语手指字母表里还收录了表示韵母"ê""ü"这种带有运动的手形，具体可参考汉语手指字母表。

指拼在手语中的应用非常广泛。一方面，作为聋童学习有声语言的辅助工具，指拼是聋人教育过程中经常运用的重要教学手段之一；另一方面，指拼也经常出现在聋人的日常手语对话中，特别是在主流有声语言以拼音文字为主的国家，如英国、美国等。此外，指拼也经常临时用来拼写姓名或较为生僻、手势打法不统一的手势。随着手语词汇的增加，聋人的教育水平不断提高，听人学习手语的热情逐渐增长，指拼正日益成为复合手势的重要构词手段，更加频繁地出现在手语使用者的日常交际之中。

六、词汇拓展

- 亲属称谓

爸爸

妈妈

爷爷

奶奶

外公

外婆

丈夫

妻子

第三课 家庭

  表姐

  阿姨

 堂哥

  叔叔

 堂姐

  婶婶

  外孙

  伯父

外孙女

孙子

七、练习

1. 请用中国手语打出带 ![手形] 手形的手势，并说说它们的共同特点。

2. 请找出包含有"家"这个手势的复合手势。

3. 如何看待手语中的指拼？指拼的手势是否可以算作手语中的"词"？

4. 运用本课学习的手势与句子，介绍自己的家人。

第四课

兴　　趣

一、词汇

喜欢

不喜欢

兴趣

一直

以前

第四课　兴趣

以后

平时

一起

周末

来

去

走

跳

不一样

交流

上网

画画

休闲

第四课　兴趣

约会

集邮

运动/体育

烹饪

唱歌

跳舞

摄影

电影

电视

电脑

视频

听音乐

二、句型

1. 你平时喜欢做什么?

| 你 | 平时 | 喜欢 |

| 做 | 什么 |

2. 我喜欢踢足球。

| 我 | 喜欢 | 踢足球 |

3. 你喜欢什么运动？

| 你 | 运动 | 喜欢 | 什么 |

4. 我不喜欢运动。

| 我 | 运动 | 不喜欢 |

5. 我经常跟爸爸学习画画。

| 我 | 经常 | 跟 | |

| 爸爸 | 学习 | 画画 | |

6. 以后约好一起去吧。

| 以后 | 约 | 两人一起去 |

7. 姐姐一直喜欢跳舞。

| 姐姐 | 一直 | |

| 喜欢 | 跳舞 | |

三、对话

对话1

A：你平时喜欢做什么？
B：我喜欢看体育电视节目。
A：你喜欢什么运动？
B：我喜欢踢足球。
A：我也喜欢。
B：你经常去踢足球吗？
A：不是，只有周末才去踢球。
B：以后约好一起去吧。
A：好的。

对话2

A：我喜欢运动，如游泳、跑步、打羽毛球等。你呢？
B：我和你不一样，我不喜欢运动。
A：那你休息时会做什么呢？
B：我经常跟爸爸学习画画，他画得很棒！

A：真羡慕你！我也想学，可以吗？
B：可以！有时间一起交流！

四、词语注释

1. "喜欢"是单手手势，拇指和食指各自弯曲，手形，接触下颌两次。"不喜欢"有两种打法：一种是复合手势，"喜欢"+"不"；另一种是单纯手势，用 手形从下颌处向下做离开下颌的运动。

2. "兴趣"有两种打法：通用手语中是单手 手形，即拇指和食指在鼻翼一侧相互捻动；上海手语中是单手 手形，拇指和食指在嘴部相互捻动。本教材采用通用手语中的打法。

3. 在中国手语中，表示时间副词"以前""以后"时，可以用身体后方表示过去，身体前方表示未来。在通用手语中，"以前"就是单手 手形，掌心朝内，向肩后挥动一下；"以后"则是单手 手形，掌心朝外，在肩膀处向前运动，与"以前"相对应。在上海手语中，"以后"是单手 手形，掌心向内，在头一侧向下运动。本教材同时采用两种打法。

4. "周末"是一个复合手势，用"周六"+"周日"的组合表示周末的意思。

5. "来""去"是一对运动方向相反的动词，"来"自远而近，趋向打手势者；"去"则是从近而远，离开打手势者。在具体的使用中，要根据上下文判断使用哪个手势。例如，在"回家"这个复合手势中，既可以用"来"+"家"表示，也可以用"去"+"家"表示，关键在于打手势者预设中的"家"和打手势者的空间关系如何。"来"有两种打法：第一种打法是单手 手形，掌心朝下，向内挥动一下；第二种打法是单手 手形（和"去"手形相同），由远而近，朝向打手势者移动。通用手语中采用第一种打法，上海手语中第二种打法较为常见，但也采用第一种打法用于招呼其他人来。本教材同时采用两种打法。

6. "不一样"有两种打法：一种是双手 ![手形] 手形在胸前并列，掌心向下，然后分别向两侧移动；另一种是"一样"+"不是"，表示"不同/不一样"的意思。本教材中采用两种打法。

7. "交流"是双手手势，双手 ![手形] 手形，指尖相对，掌心朝上，双手上下交替在胸前顺时针重复做水平环状运动。

8. "集邮"是复合手势，有两种打法：通用手语中由两个手势组成，用"邮票"+"插入邮册"来表示。"邮票"是 ![手形] 手形，从嘴部移动到另一只手的手心，模仿人们将邮票贴在信封上的动作；"插入邮册"是左手 ![手形] 手形，指尖朝右，掌心朝内，右手 ![手形] 手形，指尖朝下，掌心朝内，自上而下移动到左手内侧。上海手语中也是由两个手势组成，但是变异为"邮票"+"收集"来表示。两种打法的后一个手势不同。本教材采用上海手语中的打法。

9. "跳舞"是双手手势，通用手语中是双手微曲的 ![手形] 手形，分别放在头侧和胸前，转动手腕，模仿跳舞的样子；上海手语的打法是双手 ![手形] 手形，拇指尖朝上，掌心向内，在胸前交替做垂直环状运动。本教材采用上海手语中的打法。

10. "电视"是双手手势，左手 ![手形] 手形表示电视的外框，掌心朝内，而右手 ![手形] 手形，掌心向内，上下反复移动，表示闪烁的屏幕。

五、语言学知识

手语的任意性与象似性

任意性（arbitrariness）与象似性（iconicity）是语言符号系统的两个基

本属性。

任意性一般被认为是语言的基本特征之一,指语言形式与其指称的外界实体之间没有任何自然的对应关系,而是"约定俗成"的。不论是有声语言还是手语,都具有任意性的特点。语言的任意性一般体现为两个方面。一方面是语言形式与其所表达的物体或概念没有直接的联系。例如,汉语里"桌子"一词的语音不反映桌子的形状等特性,音和义之间的联系是"任意"的。同样,在中国手语中大部分手势和所要表达的意义没有直接的联系,如用 手形,以左右晃动的手势来表达疑问词"什么",也很难说出手势形式与所表达的意义之间的联系。

语言任意性的另一方面体现为不同的语言在表达同一概念时,会采用不同的语言形式,换言之,不同的语言对于语言形式的选择也是任意的。仍以"桌子"为例,都是表达桌子这一物品,英语采用"table",汉语却使用"zhuōzi",语音形式和意义之间没有必然的联系。不同的手语在表达相同概念时,对手势形式的选择也是任意的,如丹麦手语、美国手语和中国手语中表示"树"的不同手势,虽然都是对树的外形特征进行模仿,不同的手语却选择了不同的手势形式。如下图所示:

丹麦手语中表示"树"的手势

美国手语中表示"树"的手势

中国手语中表示"树"的手势

象似性是指符号和符号所指的对象有直接的联系,符号的物质形式与符号所指实体的特点有密切的对应关系,即语言能够反映出客观世界的某些特征。有声语言的象声词具有象似性特征,象声词是模拟自然声音而构成的词,包括两大类:一类是直接模仿声音,如汉语和英语中表示猫叫声的"喵"和"meow";另一类是通过模仿某类事物发出的声音来表达该声音所代表的事物,如英语中用"cuckoo"表示布谷鸟,"butubutu"表示摩托车。

  由于物体的外形等视觉特征比听觉特征更易模仿,以及手语本身的空间视觉特性,比起有声语言,手语的象似性特征更加突出,我们更容易发现手语词汇与其所表达的事物之间的自然联系。例如,上图中通过模仿树的外形特征来表达"树"的概念,尽管不同的手语模仿了树的不同特征。手语作为人类的自然语言,既具有鲜明的象似性,也具有语言的任意性这一基本属性。

六、词汇拓展

- 运动词汇

跑步

打乒乓球

游泳

打篮球

踢足球

打排球

射击

击剑

第四课　兴趣

打网球

打羽毛球

跳远

跳高

跳水

登山

体操

滑雪

掷铅球

 拳击　　 武术　　 竞走

 举重

七、练习

1. 举例说明手语中如何体现语言的象似性和任意性。
2. 运用本课学习的手势和句子介绍自己的爱好。
3. 尝试用手势表示下图中各种体育运动的名称。

第四课 兴趣

第五课

天 气

一、词汇

天气　　雨/下雨

变化

昨天

第五课　天气

明天

早上/上午

中午

下午

春天

夏天/热/出汗

秋天

冬天/冷

季节

干燥

潮湿

温度

闷热

升温

第五课 天气

降温

外面

里面

结束

如果

担心

用

借

不/别

听说

损坏

准备

天空

太阳

月亮

星星

第五课　天气

雨伞

雪

风

二、句型

1. 上海的天气好不好？

| 上海 | 天气 | |

67

| 好不好 | |

2. 今年夏天特别热。

| 今年 | 夏天 | 热 | 很 |

3. 外面下雨了。

| 外面 | 下雨 | | |

4. 雨快停了。

| 雨 | 快 | （雨）停 | |

5 我的雨伞坏了。

| 我 | 雨伞 | 损坏 |

6. 雪停了，但天气很冷。

| 雪 | （雪）停 | 天 | 冷 |

7. 上午晴天,下午阴天。

| 上午 | 晴天 | 下午 | 阴天 |

三、对话

对话1

A：今天天气很好。

B：是的,比昨天好多了。

A：听说今天下午变阴天,可能要下雨。

B：哎呀！我的雨伞坏了,不能用了。

A：别担心,我有两把,如果下雨,可以借你一把。

B：太谢谢了！

对话2

A：你从哪儿来？

B：上海。

A：上海的天气好不好？

B：今年夏天特别热,最高温度40℃。

A：你最喜欢上海的哪个季节？

B：秋季,不冷不热,下雨少,天气很好。

四、词语注释

1. "下雨"是双手 ![手形] 手形,掌心朝下,在头前向下抖动,表示雨点落下。这个手势也可以表示名词"雨",改变该手势的幅度、节奏、速度,可以表示"小雨""大雨"和"暴雨"等。

2. "变化"是单手 ![手形] 手形,即食指和中指向前伸出,掌心朝下,手腕在胸前旋转。这个手势也可以表示动词"修理""换"等,在使用时会根据实际情况发生手掌朝向的改变。如果位置变为在嘴附近,则可以表示"翻译"。

3. 中国手语表示时间时,打手势者的背后表示过去,身前表示未来。因此,"昨天"是食指在头侧向后运动;"前天"是食指和中指表示的数字手势"2"向后运动;"明天"是食指在头侧,手腕旋转并向前运动;"后天"是食指和中指表示的数字手势"2"向前旋转运动。

4. "下午"有两种打法:第一种打法是单手 ![手形] 手形,掌心向内,指尖朝下,边向下移动边张开五指;第二种打法是单手 ![手形] 手形,掌心朝下,食指和中指在下颌处弯曲一下。本教材采用第二种打法。

5. "春天""夏天""秋天""冬天"在北方手语和南方手语中的表达方式不同,北方手语多用一手握拳,另一手食指指向不同的指根关节,表示"春""夏""秋""冬"的意思;南方手语则用"微风"表示"春",用"出汗"表示"夏",用"凉爽"表示"秋",用"冷"表示"冬"。本教材采用南方手语中的打法。

6. "结束"为双手 ![手形] 手形变为 ![手形] 手形,再向下甩出,五指张开。该手势还可以表示"完成""完了",既可以作为普通动词,也可以作为体助词出现在其他动词之后,表示动作的完成体,是手语中使用较为频繁的手势之一。

7. "借"是一个有方向变化的动词,在大部分地区采用单手 ![手形] 手形,掌心朝向被借者,运动方向为所借之物的运动方向;上海手语中的打法是单手 ![手形] 手形,掌心也朝向被借者,但有两个运动方向,分别是所借之物的运动方向以及从借者到被借者的方向。

8. "太阳"有两种打法：通用手语中的打法是双手 搭成圆形从头右侧向头顶做弧线运动，表示太阳升起；上海手语中的打法是单手 手形在头部侧上方向头部张开手指成 手形，表示阳光照射。本教材采用上海手语中的打法。

9. "雪"在通用手语中是双手 手形，五指张开，边抖动手指边向斜下方缓慢移动，模仿雪花飘落的样子；上海手语中是双手 手形，从头部前方向斜下方缓慢移动。本教材采用通用手语中的打法。

五、语言学知识

手语构词的理据

构词理据，顾名思义就是词语构成的道理和依据。手语通过视觉接收信息，通过手势和空间传达信息，这一特点使得手语相较于有声语言而言，其象似性特征更加明显，因此，手语构词的理据更加直观。本节主要介绍手语中常见的三类构词理据，即指示、模仿与借用（有声语言）。

➢ 指示

指示是通过直接指向指称对象在空间中所处的位置，以表达相应概念的构词方式。通过指示构成的手势词主要包括三类，即人称代词、身体部位词和空间指示词，如"你""我""他"，"嘴""眼"，"上""下""左""右""这""那"等。

➢ 模仿

对现实世界的模仿是手语构词的重要手段之一，这也是手语视觉特征所赋予手语构词的便利。相较于听觉特征，事物、现象和概念的视觉特征更易被模仿，模仿可以是对动作的模仿，如手势动词"跑""喝"等都是通过身体姿势直接模仿跑动时摆动手臂的动作和喝水时举杯的动作；模仿还可以是用手指模仿身体部位的动作，如用食指和中指交替运动模拟腿部的动作表示"走"；模仿还可以用整个手部来指代人体的整体动作，如用 ✋ 手形指代人，通过向下的动作来表示"坐"，横放则表示"死"等。

对可视化概念视觉特征的模仿也是手语构词的一个重要方面，如通过模仿椅子的形状、花开的动作分别表达"椅子"与"花"的概念，这是直接模仿。此外，手语在造词时会借用某一具体事物的视觉特征来表达与之有联系的抽象概念，如通过模仿房顶的具体视觉特征来表达"家""所""室""馆"等这一类意义上有联系的抽象概念。

相对于前两类对事物视觉特征的直接模仿，另一类模仿则需要抽象加工，即通过对事物或概念典型特征的模仿，使用转喻的方式表示相关概念。例如，表示"男""女"概念的手势，主手 ✋ 手形扫过头侧表示男性短发的特征，主手捏耳垂则表示女性戴耳环的特征。这类特征不是某个指称对象的全部特征，而是某一类人的代表性特征。

➢ 借用（有声语言）

对有声语言的借用是指手语借助主流语言的某些形式来构成手语词汇的构词手段。聋人群体生活于主流社会中，主流语言会以不同的形式渗入聋人的语言生活。不同的主流社会语言对手语产生的影响也不同，如英语对美国手语和英国手语的影响，汉语对中国大陆手语、日本手语以及中国台湾地区手语的影响，朝鲜语对韩国手语的影响等。

中国手语对汉语的借用主要有借音和借形两类。借音最突出的表现是指拼系统，即借用汉语手指字母拼出对应的汉语普通话或方言的拼音（有时是拼音的首字母）来表达相应的概念。需要注意的是，中国不同地区的手语对汉语手指字母的运用程度是不同的。总的来说，北方手语中出现手指字母的频率要高于南方。同一个地方，不同年龄段的聋人对手指字母的态度和使用程度也不同。借用手指字母构成的手势可以完全由手指字母构成，如"A+Y"表示"阿姨"；也可以采用手指字母与手势组合的形式，如"G+家"表示"国家"。另一类借音现象可以归纳为谐音，如借用"九"的数字手形结合不同的运动方式表示"舅舅"。

手语借用有声语言的另一种方式是借形。中国手语里的借形主要指借用汉语的书面形式——汉字的字形。借形主要有仿字、书空、仿字加书空以及借用部分字形四种方式。仿字指通过手形模仿笔画简单的汉字字形，如"人"。书空指用手指在空中写出汉字的整体或部分笔画，一般为字形简单的汉字，如"千"。仿字加书空，是前面两种方式的结合，一般为双手手势，一手模仿部分字形，一手在空中写出部分笔画。如"干"，辅手模仿"二"的字形，主手从辅手食指指节处向下划动。借用部分字形指两个汉字的某一部分相同或相似，便借用表达其中一个汉字对应概念的手势来指代另一个汉字。如上海手语中地名"彭浦"和"普陀"所对应的手势分别为"鼓"和"蛇"，"彭"和"鼓"两个字的左半边相同，"陀"和"蛇"两个字的右半边相同，因此，就用手势"鼓"来表示"彭浦"，用手势"蛇"来表示"普陀"。

六、词汇拓展

● 气象词汇

晴

阵雨

多云

第五课 天气

阴

雾

冰雹

暴雨

大风

大雨

小雨

暴雪

打雷

闪电

大雪

中雪

小雪

雨夹雪

雾霾

龙卷风

沙尘暴

七、练习

1. 中国手语中的手势"下雨"使用了(　　　)构词方式。
   A.模仿　　　　B.仿字　　　　C.借音　　　　D.指拼
2. 请用本课学习的手势和句子描述今天的天气情况。
3. 请用本课学习的手势和句子讲述你最喜欢的季节及原因。
4. 请根据下面的气象符号打出相应的手势。

第六课

节　日

一、词汇

年

月（份）

日/天

几月几日

每年

每月

第六课 节日

今年

每天

去年

每周

明年

后天

一年

一个月

一周

星期一

白天

晚上

节日

第六课　节日

小时

分钟

秒

手表

月饼

面条

米饭

生日

粽子

蛋糕

放假

礼物

期待

等

给

第六课　节日

送

取/拿

衣服

报纸

为什么

二、句型

1. 今年春节是几月几日？

| 今年 | 春节 | 几月几日 |

2. 2月14日是情人节。

2月14日	情人节

3. 一周后,我们要开学了。

一周	后	我们	读书

上课	开始

4. 节日快乐!

| | 节日 | | 高兴 |

5. 我很想吃粽子。

| 我 | 想 | 粽子 | |

6. 我很期待中秋节快点到来。

| 我 | 期待 | |

	中秋节		

快	来	

7. 我的生日是1990年1月3日。

我	生日	1990年	1月3日

三、对话

对话1

A：今天是几月几号?
B：9月17日。
A：下周就是中秋节了。
B：我很期待中秋节快点到来。
A：为什么?
B：可以吃月饼,还可以放假。
A：这倒是！我们现在就去买月饼吧。
B：好呀!

对话2

A：明天是星期六,你做什么?
B：明天我妈妈过生日。
A：那你送妈妈什么礼物?
B：我给她买了一件衣服。
A：你什么时候出生的?
B：1990年1月3日。
A：那你的生日也快到了。
B：是的,到时候一定请你吃蛋糕。

四、词语注释

1. "年"的打法有两种：第一种是左手握拳,右手食指指向握拳手的食指指根关节,然后依次向下滑动,当表示"一年""两年"时,右手变为"1""2"等数字手势;第二种是双手 手形,左手掌心朝上,右手掌心朝下，两掌心相对，接触后右手向前移动，当表示"一年""两年"时再在此基础上，右手打出"1""2"等数字手势。北方手语多采用第一种打法，南方手语多采用第二种打法，通用手语中采用第一种打法。本教材采用通用手语中的打法。

2. 关于"月"的打法，北方手语与南方手语有所不同。"一个月"的打法，通用手语采用北方手语打法，即左手 手形，右手食指在左手虎口内划一下，然后打"1"数字手势；南方手语则是左手 手形，右手食指在左手食指上划一下，然后打"1"数字手势。本教材采用通用手语中的打法。

3. 中国手语表示"几月几日"时，通常是双手手势，掌心朝内，指尖相对，一上一下表示，如问"几月几日"，两只手同时为 手形，抖动手指表示询问日期；如表示"10月1日"，上面的手打"十"手形，下面的手打"一"手形。

4. "周"各地也有不同的打法：第一种打法是左手 手形，指尖朝右，掌心向内，右手拇指、食指、中指相捏，碰一下左手食指，表示"一周"，当表示"两周"时，左手随即变为数字手势"2"；第二种打法是右手食指从嘴边划过，表示"一周"，当表示"两周"时，右手变为数字手势"2"。北方手语常采用第一种打法，南方手语常采用第二种打法，通用手语采用第一种打法。本教材采用通用手语中的打法。

5. "星期"也有不同的打法：第一种打法是左手 手形，掌心向外，右手分别打数字手势"1—7"，并碰一下左手掌心；第二种打法是右手打数字手势"1—6"，并从左腋下划出表示"星期一"到"星期六"，"星期日"的打法是数字手势"7"在鼻子前打出。本教材采用第二种打法。

6. 中国手语中"白天"和"晚上"的手形相同，运动方向刚好相反。"白天"是四指与拇指相捏合手形 从左侧向右侧方向运动，并打开五指成为 ；"晚上"则是 手形从右侧向左侧运动，同时四指与拇指相捏合成为 手形。这两个手势是模仿太阳升起和落下的样子。

7. "节日"有两种打法：通用手语中的打法是右手 手形置于前

额,表示"记"的手势,然后右手 ![] 手形从右向左做弧线运动越过头顶,表示"日"的手势;上海手语中的打法是右手 ![] 手形点一下眉心,然后双手 ![] 手形,掌心向内,指尖相对。本教材采用上海手语中的打法。

8."小时"是双手手势,左手握拳,掌心朝下,右手食指在握拳手的手腕处顺时针转动一圈,模仿手表的时针转动,右手变为"1""2"等数字手势,可以表示"一个小时""两个小时"等。

9."分钟"有两种打法:第一种打法是左手握拳,掌心朝下,右手食指在握拳手的手腕处向右划动一下,右手变为"1""2"等数字手势,可以表示"一分钟""两分钟"等;第二种打法是左手 ![] 手形,右手打数字手势并划过左手拇指,可以表示"一分钟""两分钟"等。通用手语采用第一种打法,本教材采用第二种打法。

10."秒"有两种打法:第一种打法是左手 ![] 手形,右手食指在握拳手的手腕处向左划动一下,右手变为"1""2"等数字手势,可以表示"一秒""两秒"等;第二种打法是左手 ![] 手形,右手置于左手之上,打数字手势并轻微摆动手腕,可以表示"一秒""两秒"等。通用手语采用第一种打法,本教材采用第二种打法。

五、语言学知识

词　　类

词类的划分在任何一种语言中都是客观存在的。词类是概括词的语法功能的分类,词类的划分标准既包括词的形态标记和屈折变化,也包括词在句子中的分布特征。词类与句法分析是相互依存、不可分割的,词类划分的目的是为了句法分析。语言中一般可以分为两大类词:一是基本词类,表示指称、陈述、修饰,具有开放性,各语言的共性较大,如名词、动词、形容词、副词;另一类是非基本词类,表示辅助功能,与言语活动密切联系,具有封闭性,各语言的差异性较大,如代词、数词、限定词、助动词、介词、连接词、感叹词、疑问词、否定词等。

手语作为聋人的自然语言,是一种使用手、手臂及非手控成分(如表情、头动、体态)来传达语言信息的视觉语言。作为一种语言符号,它同样具有语言的基本特征,因此,这种在空间中架构的视觉语言也和有声语言一样具有基本的词类,但手语的视觉模态也影响着这些词类的划分标准和具体类别。在手语中,动词和形容词有更多的运动模式改变,以形成屈折变化,而名词较少使用屈折变化,不同的词缀也会形成不同的词类。除了形态的标准,句法分布也是判别词类的重要标准,如名词可以与指示词、形容词、量词以及表示大小与形状的类标记同时出现,并且可以作为代词的先行词;动词可以与助动词同时出现,不能作为其他手势的前置修饰语;不同的否定标记也可以与不同的词类搭配使用。此外,不同词类伴随的表情、体态也会不同,如与动词相比,名词更容易发生口动。

➢ 动词

美国聋人学者帕登(Carol Padden, 1983)依据动词形态类型的不同,将美国手语(ASL)中的手势动词分为三个大类:简单动词(plain verbs)、屈折动词(inflecting verbs)、空间动词(spatial verbs)。后来(1988,1990),她又将屈折动词称为一致动词(agreement verbs)。这种动词分类获得普遍认可。中国手语中的动词也可以分为三类:简单动词、一致动词和空间动词。

简单动词是指手势在任何情况下都不发生方向变化的动词,如"休息""想""喜欢"等;一致动词是指手势为了标明主语或宾语时方向发生变化的动词,如"看""爱""支持"等;空间动词是指手势为表示空间移动的起点和终点时方向发生变化的动词,如"走""来""搬家"等。

➢ 名词

在大部分有形态变化的语言中,复数的表达是名词的显著特征。在中国手语中,名词复数主要是通过手势在空间位置上的重复来表示,但这不是一个普遍的复数标记,即不是所有的名词都适用,还可以在名词前加上形容词"多"等表示复数。如房子——很多房子、学生——很多学生。

在中国手语中有很多名词—动词对子,它们的手势相同或相似。主要是工具动词和工具名词,以及动作动词和表示动作接受对象的名词。在具体运用中,名词更倾向于重复多次,而动词的运动幅度会更大,时间稍长于名词。如:

动词	名词	动词	名词
吃面条	面条	打电话	电话
打篮球	篮球	下雨	雨水
画画	画儿	(花)开	花
坐电梯	电梯	飞	飞机
骑自行车	自行车	梳头	梳子
穿鞋	鞋	拖地	拖把
弹琴	钢琴	刷牙	牙刷
寄信	信	剪	剪刀
关门	门	铲	铲子

> 形容词

形容词在意义上表示事物的属性,如"大""小""美""丑"等,可以用来修饰名词和名词性短语。手语中的形容词手势有体的屈折变化,一般来说,手语中的形容词手势的程度变化通过体变化来实现,这种体变化主要通过运动参数的改变和非手控(表情和体态等)来进行。如中国手语中的"好"和"很好","好"是 👍 手形在胸前伸出,

"很好"则手势在胸前停顿的时间更长，并且伴随蹙眉、眯眼、瘪嘴等表情。

六、词汇拓展

● 节日词汇

春节

除夕

元宵节

清明节

端午节

重阳节

第六课 节日

中秋节

国庆节

劳动节

建军节

青年节

妇女节

教师节

元旦

情人节

圣诞节

儿童节

七、练习

1. 中国手语中的动词手势"问"属于(　　)。
   A. 简单动词　　　　　　　B. 一致动词
   C. 空间动词　　　　　　　D. 双向动词

2. 用本课学习过的手势和句子介绍一个你最喜欢的节日。
3. 用本课学习过的手势和句子介绍一下自己的生日。
4. 用中国手语简单介绍日历中的节日。

2020

JANUARY
Su	Mo	Tu	We	Th	Fr	Sa
			1	2	3	4
5	6	7	8	9	10	11
12	13	14	15	16	17	18
19	20	21	22	23	24	25
26	27	28	29	30	31	

FEBRUARY
Su	Mo	Tu	We	Th	Fr	Sa
						1
2	3	4	5	6	7	8
9	10	11	12	13	14	15
16	17	18	19	20	21	22
23	24	25	26	27	28	29

MARCH
Su	Mo	Tu	We	Th	Fr	Sa
1	2	3	4	5	6	7
8	9	10	11	12	13	14
15	16	17	18	19	20	21
22	23	24	25	26	27	28
29	30	31				

APRIL
Su	Mo	Tu	We	Th	Fr	Sa
			1	2	3	4
5	6	7	8	9	10	11
12	13	14	15	16	17	18
19	20	21	22	23	24	25
26	27	28	29	30		

MAY
Su	Mo	Tu	We	Th	Fr	Sa
					1	2
3	4	5	6	7	8	9
10	11	12	13	14	15	16
17	18	19	20	21	22	23
24	25	26	27	28	29	30
31						

JUNE
Su	Mo	Tu	We	Th	Fr	Sa
	1	2	3	4	5	6
7	8	9	10	11	12	13
14	15	16	17	18	19	20
21	22	23	24	25	26	27
28	29	30				

JULY
Su	Mo	Tu	We	Th	Fr	Sa
			1	2	3	4
5	6	7	8	9	10	11
12	13	14	15	16	17	18
19	20	21	22	23	24	25
26	27	28	29	30	31	

AUGUST
Su	Mo	Tu	We	Th	Fr	Sa
						1
2	3	4	5	6	7	8
9	10	11	12	13	14	15
16	17	18	19	20	21	22
23	24	25	26	27	28	29
30	31					

SEPTEMBER
Su	Mo	Tu	We	Th	Fr	Sa
		1	2	3	4	5
6	7	8	9	10	11	12
13	14	15	16	17	18	19
20	21	22	23	24	25	26
27	28	29	30			

OCTOBER
Su	Mo	Tu	We	Th	Fr	Sa
				1	2	3
4	5	6	7	8	9	10
11	12	13	14	15	16	17
18	19	20	21	22	23	24
25	26	27	28	29	30	31

NOVEMBER
Su	Mo	Tu	We	Th	Fr	Sa
1	2	3	4	5	6	7
8	9	10	11	12	13	14
15	16	17	18	19	20	21
22	23	24	25	26	27	28
29	30					

DECEMBER
Su	Mo	Tu	We	Th	Fr	Sa
		1	2	3	4	5
6	7	8	9	10	11	12
13	14	15	16	17	18	19
20	21	22	23	24	25	26
27	28	29	30	31		

第七课

出 行

一、词汇

人民广场

食堂

图书馆

商店

第七课　出行

书店

机场

邮局

路

银行

超市

公园

车站

出租车

地铁

火车

第七课 出行

飞机

船

（乘）公交车

（骑）自行车

（骑）摩托车

换乘（公交、地铁）

到

排队

近

快

慢

转弯

安全

习惯

大概

看到

第七课 出行

方法

直

二、句型

1. 到人民广场怎么走？

到　　人民广场

走　　方法　　什么

2. 乘55路公交车就可以到了。

| 公交车 | 55 | 到了 | |

3. 一直往前走。

| 一直 | 直 | 走 | |

4. 地铁站在哪儿？

| 地铁站 | 在 | 哪儿 |

5. 大概走多长时间？

| 大概 | 走 | 时间 | 多少 |

6. 学校离公园很近。

| 学校 | |

| 公园 | 近 | |

7. 邮局对面就是我家。

| 邮局 | | 对面 | |

| 我 | 家 | 这 | |

三、对话

对话 1

A：去人民广场怎么走？
B：先坐7号线，再换乘2号线。
A：7号线地铁站在哪儿？
B：从这里一直往前走，在第二个路口向右转，就能看到了。

A：大概走多长时间？

B：差不多10分钟。

A：谢谢！

对话2

A：你家离学校远吗？

B：不远。

A：你每天怎么回家？

B：乘55路公交车就可以到了。

A：乘公交车需要多长时间？

B：差不多一个小时。

A：这么久！

B：我习惯了。

四、词语注释

1. "人民广场"是由两个手势构成的复合手势：第一个手势是"人"，双手食指搭成"人"字形，并顺时针在胸前转一圈，表示"人民"；第二个手势是"广场"，用"广州"的手势表示，即双手 手形，掌心朝上，在腰间接触一下。

2. "图书馆"是一个双手复合手势，即左手平伸，掌心朝上，右手 手形，食指、中指并拢，在左手掌心翻转两下，模仿翻动书页的动作；第二个手势为"房子"。

3. "书店"有两种打法，都是双手复合手势：通用手语中的打法是表示"书"的手势加上"房子"的手势，既表示"书店"，还可以表示"书房"的意思；上海手语中"书"的手势加上"房子"的手势只表示"书房"，"书店"的手势是"书"的手势加上"店"的手势,在上海手语中,"商店""饭店""酒店"都使用了"店"的手势,即双手 ✊ 手形,双手指背在胸前相抵。本教材采用上海手语中的打法。

4."邮局"是双手复合手势,有两种打法:第一种打法是"寄信"的手势,加上"房子"的手势;第二种打法是左手平伸,掌心朝上,右手 ✌ 手形,食指、中指并拢,先在嘴部停留,之后贴于左手掌心,模仿人们贴邮票的样子,再加上"局"的首字母"J"。通用手语采用第一种打法,本教材采用通用手语中的打法。

5."银行"是双手对称手势,双手 ✊ 手形,但通常打这个手势时拇指、食指并不捏合,拇指、食指弯曲呈半圆形,模仿钱币的圆形,上下交替运动,表示银行的钱有进有出。

6."出租车"是单手手势,一手伸中指,食指弯曲,并抵于中指上,即 ✌ 手形,向前移动,模仿出租车的外形;该手势的手形也有另一种变异形式,即一手伸食指,中指弯曲,并抵于食指上。

7."地铁"是双手手势:左手 🖐 手形平伸,掌心朝下;右手 ✌ 手形,掌心朝下,并在左手下方向前移动,表示在地面下的火车。

8."排队"是双手 🖐 手形,五指张开,前后直立,模仿人们排队的样子。

9."近"在词语中的打法是两手 ✊ 手形,掌心相对,相向移动。在手语句子或对话中可根据实际情况改变手形和方向,以表示"近"的状态。

10."习惯"有两种打法:通用手语中的打法是一手五指撮合,即 ✊ 手形,在额头前边向下移动边张开五指,同样的手势在上海手语中表示"忘记";上海手语中的打法是单手 ☝ 手形,掌心朝下,食指自上而下在身体前划过。本教材采用上海手语中的打法。

11."看到"是在手势"看"的基础上,加上食指、中指弯曲一下的动作。

五、语言学知识

句　　型

每一种语言中的句子可以根据句子功能（或者说语气），分为不同的句型。一般来说，可分为陈述句、疑问句、祈使句、感叹句等。中国手语中的句子也可以据此分为以下四类句型。

> 陈述句

陈述句也叫肯定句，用来描述一个事件。中国手语中的陈述句语序和汉语不同，有自己独特的句法结构和语序，语用功能、两个发音器以及视觉语言的同时性特征等都是造成手语语序不同于有声语言的原因，同时，它也会受到有声语言的影响。在中国手语中既有SOV语序，也有SVO[①]语序。此外，否定词、情态词经常放在动词之后或者句末，判断句通常没有系词"是"。

（1）我喜欢运动。
　　　我/运动/喜欢。
（2）明天我妈妈过生日。
　　　明天/我/妈妈/生日。

> 疑问句

疑问句的功能是提问，疑问句中至少要有一个表示疑问的形式，又可以分为一般疑问句和特殊疑问句。手语中的疑问语气主要是通过面部表情、头部运动等非手控成分来表达。特殊疑问句会使用疑问词表示询问的信息内容，如"什么""哪儿""谁""为什么""怎么"等，其中，"什么"是基本疑问词。有声语言中疑问词通常会出现在句首或者句中，但手语中的疑问词经常出现在句末。中国手语中的疑问词可以出现在句末，或

---

① SVO是"主语（Subject）+谓语动词（Verb）+宾语（Object）"的首字母缩写。

者出现在和陈述句一样位置。

(3) 你家离学校远吗?

学校/家/远?

(4) 7号线地铁站在哪儿?

地铁/7/在/哪儿?

(5) 你做什么工作?

你/工作/什么?

> 祈使句

祈使句的功能是向听话人提出要求(命令或请求)。手语中的祈使句通常会省略主语,手势带有重音,即通过对听话人的直视和皱眉来表示语气的加强,这种语气通常包括让手势更快、更清晰。

(6) 一起去吃饭吧!

吃饭/(伸食、中指表示两个人)去!

> 感叹句

感叹句的功能是表达说话人的感情,如喜悦、赞美、惊讶、愤怒等。手语中的感叹语气主要是通过面部表情等非手控成分来表达。

(7) 好羡慕你!

羡慕/好!

六、词汇拓展

● 方位词汇

上

下

左

右

东

西

南

北

前

后

中间

旁边

周围

对面

七、练习

1. 请用中国手语描述下列小球与盒子的位置关系。

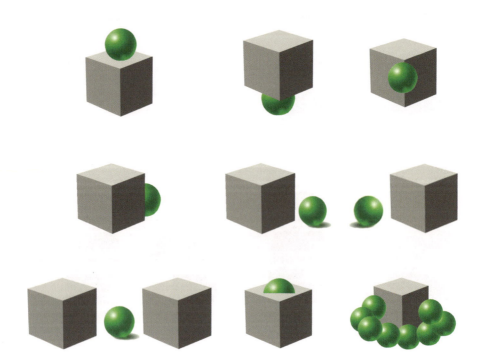

2. 运用本课学习的手势描述你常用的交通工具。
3. 运用本课学习的手势和句子模拟你在一个陌生地方问路的过程。
4. 我们学习过哪些表示疑问的方式？举例说明。
5. 我们学习过哪些否定表达？举例说明。

第八课

购　　物

一、词汇

钱

贵

便宜

东西

一元

第八课　购物

一角

一分

卖

买

选择

穿

手机/电话

化妆品

再

微信

银行卡

刷卡

支付

活动

第八课 购物

正好

质量

试一试

大

小

紧

松

新

旧

真

假

打折

二、句型

1. 这件衣服可以试穿吗？

这　　　衣服　　　穿

试一试　　可以

2. 太贵了，可以便宜点吗？

| 贵 | 便宜 | 可以 | |

3. 今天刚好有活动，可以打八折。

| 今天 | 活动 | 正好 | |

| 打八折 | |

4. 这台电脑多少钱？

| 这 | 电脑 | 钱 |

5. 请问你付现金还是刷卡？

| 问 | 现金 | 支付 |

| 刷卡 | 什么 |

6. 微信支付可以吗?

| 微信 | 支付 | 可以 |

三、对话

对话1

A：我想看下那件衣服，可以试穿吗？

B：可以。

A：这件太紧了，有大一点的吗？

B：有，这件是大号。

A：穿着正合适，这件多少钱？

B：800元。

A：太贵了，可以便宜些吗？

B：今天刚好有活动，可以打八折。

A：好的，微信支付可以吗？

B：可以。

对话2

A：我想买台电脑。

B：您需要什么样的？
A：又好又便宜的。
B：行，这台可以吗？
A：多少钱？
B：5 888元。
A：太贵了，我再看看吧。

四、词语注释

1."钱"有两种打法：第一种是双手手势，左手拇指、食指捏成圆形，手形，右手食指敲一下左手圆形，但通常打这个手势时拇指、食指并不捏合；第二种是单手手势，一手拇指、食指、中指相捏，并不断捻动，模仿清点钞票的样子。在询问"多少钱"时，可以不用出现疑问词"多少"，直接打"钱"，面露疑问表情即可。

2."便宜"是双手手势，左手 手形，右手拇指、食指相捏成圆形 手形，并在左手掌心上向下移动两下，表示钱少。在具体的使用中，尤其是在讨价还价的对话中，如"便宜点儿吧"，手势变为 手形，四指与拇指慢慢捏合，表示价钱减少。

3."买"和"卖"是一对运动方向相反的手势。"买"是双手 手形，双手掌心朝上，右手在左手掌心拍一下，然后向内移动，表示买进；"卖"也是同样的手形，右手在左手掌心拍一下，然后向外移动，表示卖出。

4."选择"是双手手势，左手 手形，右手 手形，即拇指、食指相捏，在左手任意两个手指尖上分别捏一下并向上移动，做挑选状。

5."手机"是一个新词，不同地方的手语出现不同的打法。通用手语中采用单手 手形，模仿人们握着手机在耳边打电话的样子；上海手语中用以往的"电话"手势，即在耳边单手 手形的手势，代替"手机"

的打法。本教材采用上海手语中的打法。

6. "微信"也是一个新词，也是复合手势。第一个手势是用手指字母"W"表示微信拼音的首字母；第二个手势是"信件"手势，即双手手势，左手 手形，右手 手形，右手插入左手虎口内，模仿把信件放进邮筒的样子。

7. "新"有两种打法：通用手语中的打法是左手 手形，掌心朝下，右手 手形，在左手背上从左到右划出；上海手语中的打法是右手 手形，在身体一侧向下甩动。本教材采用上海手语中的打法。

8. "打折"是手势动词，为复合手势。第一个手势为"打"，即 手形向前移动；第二个手势为"折"，即双手 手形，掌心向下，朝相反方向转动手腕，模仿折断东西的样子。在具体的话语中，聋人仅使用第二个手势，加上数字手势，如"折扣八（打八折）"。

五、语言学知识

手语的非手控特征

人们通常认为手语是完全依靠双手作为发音器来完成交流的，这是对手语最常见的误解之一。在与聋人交流时，我们可以看到聋人除了双手一直在"发音"外，他们的头和身体可以发生倾斜，眉毛可以上扬或皱起，眼睛视线的方向以及口部也有丰富的变化。这些除手以外的其他发音行为，如身体、头、面部表情（眉毛、眼睛、口的具体状态）的变化，被称为手语的非手控特征（non-manuals）。在1986年出版的《聋人手语概论》中，傅逸亭和梅次开设计了一项有趣的实验，他们让聋人在用手语交流时戴上口罩，结果发现，若其中一方佩戴口罩遮住口鼻及全部脸颊，手语的清晰度只有50%，一些与情感相关的词汇无法正确表达。手语学习者在与聋人群体交流时，同样的手语水平如果配合丰富生动的表情体态往往会被认为手语的流利度较高，更容易被聋人群体接受。由此可见，非手控特征在手语中充当重要的角色。

> **手语中的头部动作**

手语中的头部动作指头部的倾斜、转动、点头、摇头、仰头、低头等。有时候，头部动作是词汇表达不可缺少的一部分，通过头部动作可以表达相应的区别意义。例如，表示"请"和"送"的手势都是双手 ✋ 手形，掌心向上，在胸前向身体一侧运动；两个手势的区别不仅在于运动方向上的不同，也在于头部动作的不同，表示"请"的意思时，头向一侧微低；表示"送"的意思时，头向前微微向上抬起。

请　　　　　　　　　　　　送

有的词汇本身就带有固定的头部动作，要正确打出手势必须伴随相应的非手控特征。如"睡觉"和"喝"，表示"睡觉"的意思时，头微侧、闭眼；表示"喝"的意思时，头伴随手部动作向后微仰。

睡觉　　　　　　　　　　　喝

➢ 手语中的身体姿势

手语中的身体姿势不是一成不变的，身体可能前倾、后倾、左右转动或左右倾斜。如"任务"和"负担"的手部动作同样是压向左肩，但"任务"的表达不涉及身体姿势的变化，而"负担"需要身体向一侧倾斜，同时带有皱眉、瘪嘴的表情。

任务　　　　　　　　　　　负担

➢ 手语中的面部表情

世界各地的手语在表达一些诸如情绪等相关手势以及味觉或触觉等相关手势时，都会伴有面部表情，如"高兴""生气""酸""疼痛"等。在这些手势中，对应的面部表情都是手势的构成部分，是不可或缺的。

高兴　　　　　生气　　　　　酸　　　　　疼痛

➤ 手语中的口动

不同手势对应的口部动作也可能呈现出不同的状态。口部的状态有很多种，可以是开合的动作、上下嘴唇向内呈抿嘴状、嘴角两侧向中间合拢嘴唇呈圆形、舌头伸出等。例如，"甜"的打法是食指触碰一侧脸颊，同时用舌头抵住脸颊致使一侧腮帮鼓起；"馋"的打法是一手食指指尖朝下，贴于嘴角向下划动表示流口水，同时伴随舌头伸出的口部动作。

甜　　　　　　　　　馋

六、词汇拓展

- 颜色词汇

颜色/彩色　　　青色　　　蓝色　　　绿色

第八课　购物

黑色

白色

红色

灰色

黄色

橙色

紫色

咖啡色/棕色

深绿色

浅绿色

七、练习

1. 运用学习过的颜色手势描述下面的图画。

2. 请表示出"高兴""难过""愤怒""惊讶""疑问""厌恶""嫌弃""害怕""着急"等表情。

3. 运用学习过的手势和句子模拟去商店买东西的场景。
4. 讨论：打手语时是否一定要带有口动？

第九课

聚　　会

一、词汇

聚会

酒店

事情/办事

第九课　聚会

好吃

喝

服务

结婚

祝贺/祝福

聋人

不认识/陌生

欢迎

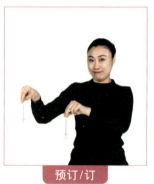
预订/订

着急

酒

对不起

没关系

第九课 聚会

碰面/遇见

咖啡

随便

不好意思

坐

发信息

迟到

通知

玩

茶

菜

二、句型

1. 我们办一次生日聚会吧!

| 我们 | |

| 办 | |

| 生日 | 酒席 | |

2. 祝你生日快乐!

| 祝 | 生日 | 快乐 | |

3. 我下午休息,我订蛋糕吧。

| 我 | 下午 | 休息 |

| 蛋糕 | 订 |

4. 我们明天下午1点在酒店见。

| 我们 | 明天 |

| 下午 | 1点 | 酒店 |

| 碰面/遇见 | |

5. 对不起,我迟到了。

| 对不起 | 我 |

| 到 | 迟到 | |

6. 有空儿常来玩。

有空儿	经常

来	高兴

7. 谢谢你请我来！

谢谢	请我来

8. 欢迎！请坐，喝点茶吧。

| 欢迎 | 坐 | 请 |

| 喝 | 请喝 |

9. 真是不好意思，谢谢你！

| 不好意思 | 谢谢 |

三、对话

对话1

A:明天张山过生日,我们办一个生日聚会吧!
B:好呀,我们俩好好准备,请一些朋友。
A:就去我们常去的那家酒店吧,服务好,菜好吃。
B:好,我下午休息,我订蛋糕吧。
A:可以,我通知朋友。我们明天下午1:00在酒店见。
B:好,明天见!

对话2

A:对不起,家里有事,来晚了!
B:没关系,我也刚到。
A:这位是谁?我不认识。
B:这是我的朋友王红。
A:你好!很高兴见到你!
C:很高兴认识你!
A:我们点些喝的吧!
B:这家店的咖啡味道好,很不错。
A:好,你们随便点,我请客!
C:真是不好意思,谢谢你!

四、词语注释

1."聚会"是双手复合手势:第一个手势是"聚集",双手对称 手形,掌心相向;第二个手势是"会议",双手对称 手形,掌心向外,在身体两侧,食指、中指、无名指、小指向前弯曲一下。

2."酒店"是双手复合手势,可以先打"店",再打"酒",也可以先打"酒",再打"店"。"酒"有两种打法:通用手语中的打法是单手 手形,移向嘴部,并向后仰头,模仿喝酒的动作;上海手语中的打法是双手手势,左手 手形,掌心向右,右手 手形,掌心向外,拇指朝向左手虎口处,模仿酒壶倒酒到杯中状。本教材采用上海手语中的打法。

3."事情"有两种打法:通用手语中是单手 手形,加上双手 手形,掌心相对,双手向不同的方向旋转;上海手语中是双手手势,双手对称 手形,掌心向内,交替前后移动,双于于指前部接触,表示名词"事情",同时也可以表示动词"办事"。本教材采用上海手语中的打法。

4."服务"在通用手语中是右手 手形,在左胸部划动两下;在上海手语中是右手 手形,在左上臂划动两下,与通用手语中的发音位置不同。本教材采用上海手语中的打法。

5."聋人"是复合手势:第一个手势单手 手形从耳部划向嘴角;第二个手势双手食指搭成仿字"人"。与"聋人"相对的是"听人",也是复合手势,只是第一个手势的小指换成拇指。

6."不认识/陌生"是双手手势,双手 手形,掌心相对,在胸前位置先互碰一下,再分别向两侧移动。该手势也可以看作由"朋友"手势派生而来。

7."对不起"是一个双手手势,双手拇指、中指相捏成 手形,在胸前一上一下,然后边互相接触边弹开拇指、中指。

8."不好意思"有两种打法。通用手语中是复合手势,由三个手势构成:先是单手 手形,掌心向外,左右摆动,表示"不";其次单手 手形表示"好";最后单手 手形,拇指压住中指指尖,并弹动中指,表示"意思",在打手势的同时面带害羞的表情。上海手语中是单纯手势,一手 ⟨手形⟩ 手形抵在脸颊处,同时微微低头作害羞状。本教材采用上海手语中的打法。

9."迟到"是一个仿字的手势,左手拇指、食指相捏成 ⟨手形⟩ 手形,右手伸食指,在左手上搭一下,模仿表示迟到的符号即一个圆圈上划一条斜线。在实际交流中,聋人也会表达为"来迟了",即"来"的手势加上"迟"的手势。

10."通知"有两种打法:通用手语中是单手 ⟨手形⟩ 手形,掌心向外,在嘴部向外移动并同时放开手指,表示用嘴把信息发布出去;上海手语中是双手手势,左手 ⟨手形⟩ 手形,掌心向上,右手 ⟨手形⟩ 手形,指尖接触左手掌心,然后向前移动。本教材采用通用手语中的打法。

11."茶"是双手手势:左手 ⟨手形⟩ 手形,掌心向内;右手 ⟨手形⟩ 手形,从左手手掌心捋向四指。该手势还可以表示"叶子""绿色"等意义。

五、语言学知识

手语会话交际

与聋人进行手语会话交际时,不仅需要具备手语语音、词汇、句法知识,还需要掌握手语会话的交际技能,才能顺利地进行沟通。在日常的交际情境中,手语会话交际技能主要包括会话开始、保持和结束的方式。

> **手语会话的开始**

有声语言开始会话的方式一般是通过呼喊交际对象的姓名或称谓,有时配合手势及表情体态来获得交际对象的注意。手语是一种视觉-手势语言,聋人只有在视觉上注意到打手势者(signer)发出的信号,手语会话才能成功开始。一般来说,打手语者获得视觉注意的手段有以下三种:一是使用指示手势(pointing sign)吸引交际对象的视线;二是轻拍交际对象的手臂或肩膀来获得注意;三是在交际对象的视线范围内挥手直至获得对方的视线注意。除了视觉信号,还可以通过触觉来引起交际对象的注意。例如,可通过踩地板或者敲击桌面或其他物体,让交际对象感知到震动,从而获得视觉注意。在特定情境下,还可以通过改变周围环境,如开关灯,来引起聋人的注意。

通常由获得视觉注意的人优先发起会话,如果有多方同时发起会话,一般在第一个手势结束前便会有一方主动退出,由另一方继续开展会话。视觉注意是手语会话得以开始的必要条件,因此,聋人在发起手语会话时,会确保想要交际的对象都处于双方视线可及的范围之内,从而保证预期交际对象可随时参与会话交际。

> **手语会话的保持**

成功开始会话后,打手势者会将视线移开,并在会话过程中不时地重新注视交际对象,以确认获得了视觉注意。在传达话题信息和焦点信息时,打手势者通常会重新注视交际对象,从而确认获得了交际对象的关注,以保证信息的成功传达。有时还会加上诸如"知道""是"这类寻求认同的手势,并配合扬眉、眯眼、张嘴等疑问表情;或通过重复表达话题和焦点信息的手势、加大该手势的幅度、延长该手势的保持时间等手段来实现交际信息的顺利传达。

作为手语会话的交际对象,在会话过程中要一直保持对打手势者的视觉注意,必要时也可以通过一些反馈行为来表示自己正在"听",如打出"好""是"的手势,或做出点头、微笑等表情体态。但要避免做出大幅度、高频率的手势和表情体态,以免让打手势者误以为交际对象想要接过"话茬"。

> **手语会话的结束**

手语会话结束的最明显标志就是打手势者的双手停止打手势并回落

到休息位置。打手势者也可通过放慢打手势的速度、放低打手势的手的位置等方式来表示自己说完了,暗示交际对象可以接过"话茬"。在会话进行中,打手势者还可通过伴随视觉注视的摊手动作或指示手势,提问或做出疑问的表情、体态等方式来邀请交际对象接话,从而推动手语会话的顺利进行。

六、词汇拓展

- 动植物词汇

猪

牛

羊

狗

虎

猫

猴

第九课 聚会

螃蟹

虾

鱼

花

根

树

草

松树

玫瑰花

第九课 聚会

玉兰花

菊花

兰花

七、练习

1. 打出下列动植物的手势。

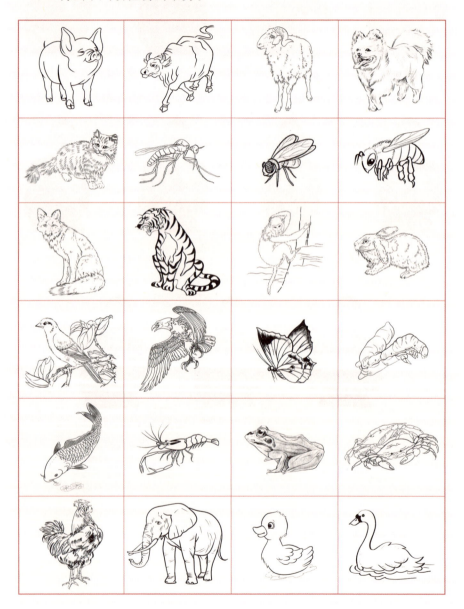

（续表）

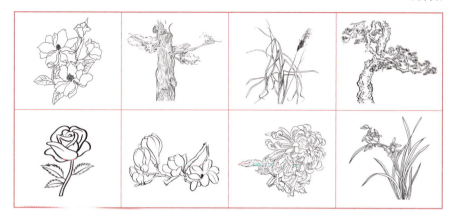

2. 运用学习过的手势和句子，描述下面的场景。

3. 运用学习过的手势和句子，介绍一次难忘的聚会。

第十课

旅　　游

一、词汇

旅游

宾馆

干净

联系

危险

床

第十课　旅游

双人床

舒服

景点

票

风景

照片

无线上网 WiFi

钥匙

羡慕

漂亮

安排

各种

城市

累

著名

第十课 旅游

陪

带

山

河

二、句型

1. 我平时喜欢和朋友一起去旅游。

| 我 | 平时 | 喜欢 |

151

| 朋友 | 一起去 | 旅游 | |

2.有事可以联系我。

| 有 | | 事情 | |

| 联系 | 我 | 可以 | |

3. 你喜欢用手机照相吗？

| 手机 | 拍照 | 你 | 喜欢 |

4. 房间里有双人床，还有电视和WiFi。

| 房间 | 里 | 双人床 |

| 电视 | WiFi |

5. 昨天休息得很舒服。

| 昨天 | 休息 | |

| 舒服 | |

6. 这家宾馆安全、干净,还有 WiFi。

| 这 | 宾馆 | |

第十课 旅游

	安全		干净	
WiFi		有		

7. 你还去过哪些地方?

你		去过	

| 地方 | 什么 | |

8. 我去过很多地方，北京、西安、广州、重庆等。

| 我 | 去 | 多 | |

| 北京 | 西安 | |

| 广州 | 重庆 | 各种 | |

三、对话

对话1

A：你喜欢这个宾馆吗？

B：我很喜欢！这里干净、安全，还有WiFi。

A：你觉得房间怎么样？

B：房间里有双人床，还有电视和电脑，昨天住得很舒服。

A：你喜欢就好！有事可以和我联系。

B：好的。你安排得很好！谢谢！

对话2

A：你喜欢旅游吗？

B：很喜欢，我最近刚去了上海，给你看看照片。

A：好漂亮，我很想去。你自己去的吗？

B：不是，和家人一起去的。你可以自己出去走走。

A：你还去过哪些地方？

B：我去过很多地方，北京、西安、广州、重庆等。

A：好羡慕你！以后可以带我去吗？

B：可以。

A：谢谢！

四、词语注释

1."旅游"是双手手势，左手 手形，掌心朝下，右手 手形，右手在左手手背上一边接触一边移动，表示到世界各地旅游。

2."联系"是双手对称手势，双手 手形，双手套环状，并晃动两下，表示"联络、联合、联系"等的意思。可以作动词，也可以作名词。

3."危险"有两种打法：通用手语中是左手 手形，掌心向内，指尖朝前，右手 手形，右手小指接触左手食指，右手手腕晃动；上海手语中是双手 手形，左手掌心向内，指尖朝右，右手食指在左手食指外侧快速接触几下。本教材采用通用手语中的打法。

4."床"是一个双手手势，双手食指、小指直立，中指、无名指与手掌成直角，指尖相抵，拇指贴于食指，模仿床的形状。"双人床"在"床"手势的基础上，再加上模仿两人和床头的样子的手势，类似于仿字"介"。

5."票"有不同的打法：通用手语中采用了模仿票据外形的打法，双手 手形，指尖相对，虎口朝上，从中间向两侧移动；上海手语中则采用了双手 手形，掌心相对，向相反方向旋转，模仿撕票状。本教材采用通用手语中的打法。

6."钥匙"是双手手势：左手 手形，掌心朝右；右手 手形，在左手掌心上旋转一下，模仿用钥匙开门状，也可以作动词"用钥匙开"。

7."安排"有不同的打法：通用手语采用北方手语中复合手势的打法，第一个手势是"安"，单手 手形，在胸部做向下按压的样子，第二个手势是"排队"，双手 手形，五指张开，前后直立，模仿人们排队的样子；上海手语中的打法是双手 手形，五指张开，掌心向下，交替前后运动几下。本教材采用上海手语中的打法。

8."各种"是双手手势：双手 手形，左手掌心向上，右手侧立于左手之上，以左手掌心为轴，顺时针旋转三下，表示"各种各样、等等"的意思。

五、语言学知识

中国手语与手势汉语

> **中国手语**

不同于口语-听觉的有声语言，手语是视觉-手势的语言。其使用者通过约定俗成的具有语言意义的手势、身体姿势和面部表情来实现语言的各项功能。手语在聋人社区中产生和发展起来，是聋人在手语交际环境中自然习得的语言，也是聋人的"第一语言"。

各国聋人都有自己习惯使用的手语，中国聋人群体在典型交际情况下习惯使用的形义结合的手势-视觉符号体系称为中国手语。中国手语有自身的语音（语形）、词汇、形态和句法，与汉语相异，也不以汉语为基础，其内部也有地域、年龄、性别等社会差异。中国手语地域上以"南北差异"较为突出，但较之于汉语方言，各地手语间的可理解度仍然较高。

中国手语不以汉语为基础，主要表现为两个方面：一是核心手势的稳固性与借用汉语手势的手语化；二是中国手语的语法不同于汉语语法。从词汇方面来讲，虽然我们很容易发现中国各个地区的手语中均有大量与汉语相关的手语词汇，但这些手语词汇主要是表达非核心概念的手势，作为手语词汇基础的核心手势则多与汉语无关。由于聋人群体生活在汉语环境中，因此，中国手语对汉语的借用是比较常见的现象，有采用手指字母的汉语借音手势,有仿字、书空等汉字借形手势,还有大量的汉语仿译手势。这些汉语词汇一旦借入手语,就"手语化"变成手语词汇,成为手语词汇的组成部分。语言的互相借用是一种语言创造新词的重要手段,汉语中也存在很多借用外语、少数民族语言词汇的现象。从语法方面看,中国手语在句子的语序和表达形式上都与汉语大不相同。例如,"我陪你去看病",按照中国手语的打法,一般表示为"看病/陪(自身→对方)";要表达"我追你"的意思,则使用两个直立的 手形,两手掌心相对,一前一后同时向前移动。也就是说,用特定的手形来指代个体,用双手的空间位置和运动方式来表达个体间的相互关系,不同的句法成分还可以同时出现。

➢ 手势汉语

手势汉语是汉语的手势符号化,形为手语,神为汉语。手势汉语是两种沟通模式融合形成的,既有手语的成分,也有汉语的成分。它建立在汉语的基础之上,并不是真正的手语,可以被看作语言中的"混合语"。

手势汉语有以下基本特点:第一是语序对应,手势表达和汉语是完全对应的,有时候是逐字对应,有时候是逐词对应;第二是节律趋同,有跟汉语音节相对应的重复倾向,比如手势是一个单位,而汉语的音节是两个或三个时,这个手势会重复一下以对应汉语节律,或是延长时间与汉语的时长对齐;第三是口型伴随,一边打一边说话;第四是表情中性,也就是说打手势汉语时基本上没有突出的面部表情,而不似自然手语常常伴有丰富的表情体态[1]。依据手势汉语的这几个特点,上面提到的中国手语的例子"我陪你去看病"和"我追你"则要按照汉语的顺序逐字或逐词分别打成"我/陪/你/去/看/病"和"我/追/你"。手势汉语虽然不是真正的手语,但在针对聋人的汉语教学中可以发挥作用,也是聋听之间广泛使用的沟通手段之一。

---

[1] 龚群虎:《聋人文化的核心——手语》,载张宁生主编:《聋人文化概论》,郑州大学出版社,2010年,第66—87页。

六、词汇拓展

● 地名词汇

中国

北京

上海

成都

天津

重庆

广州

深圳

西安

西藏

 大连
 武汉
 沈阳
 郑州

 兰州
 云南
 美国

 法国
 日本
 英国
 德国

 荷兰
 韩国
 新西兰

澳大利亚

七、练习

1. 运用本课学习的手势和句子,介绍自己所在的城市或地方。
2. 请比较一下两个手语句子,说出它们的不同。
   a.我/家/有/5/人,爷爷/奶奶/爸爸/妈妈/我。
   b.我/家/爷爷/奶奶/爸爸/妈妈/我/5。
3. 请打出中国各省市名称的手势。
4. 请依据下面的国旗打出相对应国家名称的手势。

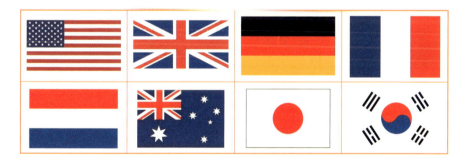

附录1

中国手语常用手形表
（2020年版）
上海大学中国手语及聋人研究中心研制

序号	常用手形	手形描述	手形符号	例子
1		拇指和其余四指均非被选手指，均弯曲握拳	D	笨、擦、工作
2		拇指为被选手指，直伸；其余四指弯曲握拳	A	好、朋友、比较
3		拇指为被选手指，指关节曲折；其余四指弯曲握拳	Ä	结婚、谢谢、闷
4		食指为被选手指，直伸；拇指和其余三指弯曲握拳	G	人、不同、酸
5		食指为被选手指，指关节曲折；拇指和其余三指弯曲握拳	Ġ	挂、舅舅、记住

（续表）

序号	常用手形	手形描述	手形符号	例子
6		食指为被选手指，直伸；拇指为被选手指，直伸，与食指非对立；其余三指弯曲握拳	L	时间、表达、不喜欢
7		食指为被选手指，掌关节曲折；拇指为被选手指，直伸，与食指非对立；其余三指弯曲握拳	Ĺ	旧、有、佐料
8		食指为被选手指，直伸；拇指为被选手指，指关节曲折，与食指非对立；其余三指弯曲握拳	L̈	严格、严重、重视
9		食指为被选手指，直伸；拇指为被选手指，直伸，与食指对立；其余三指弯曲握拳	L⊥	吵架、鸡、月亮
10		食指为被选手指，掌关节曲折；拇指为被选手指，掌关节曲折，与食指对立、张开；其余三指弯曲握拳	L̇⊥	感冒、代表、条件
11		食指为被选手指，掌指关节曲折；拇指为被选手指，掌指关节曲折，与食指对立、张开；其余三指弯曲握拳	L̈⊥	区、钱、鸡蛋

（续表）

序号	常用手形	手形描述	手形符号	例子
12		食指为被选手指,掌关节曲折;拇指为被选手指,掌关节曲折,与食指对立、合拢;其余三指弯曲握拳	$\dot{F}^{\wedge}$	公斤、尖、计较
13		食指为被选手指,指关节曲折;拇指为被选手指,掌关节曲折,与食指对立、合拢;其余三指弯曲握拳	$\ddot{F}^{\wedge}$	钓、钥匙、梳头
14		食指为被选手指,掌指关节曲折;拇指为被选手指,掌指关节曲折,与食指对立、合拢;其余三指弯曲握拳	$\dddot{F}$	近、服务员、古代
15		食指为被选手指,掌关节曲折;拇指为被选手指,掌关节曲折,与食指对立、交叉;其余三指弯曲握拳	$\dot{F}^{x}$	油、护士、模仿
16		中指为被选手指,直伸;其余三指弯曲贴于掌心,拇指贴于手掌侧面	8	拒绝、哥哥、姐姐
17		中指为被选手指,掌关节曲折;其余三指自然展开;拇指自然展开	$\dot{8}$	蚊子、耶稣、利用

（续表）

序号	常用手形	手形描述	手形符号	例子
18		中指为被选手指，掌关节曲折；拇指为被选手指，掌关节曲折，与中指对立、合拢；其余三指自然展开	8̇^	湿、胶水、借
19		中指为被选手指，掌指关节曲折；拇指为被选手指，掌指关节曲折，与中指对立、合拢；其余三指自然展开	8̈^	刺激、激励、自私
20		小指为被选手指，直伸；拇指和其余三指弯曲握拳	I	丑、不幸、坏
21		小指为被选手指，指关节曲折；拇指和其余三指弯曲握拳	Ï	利息、小便、上海
22		小指为被选手指，直伸；拇指为被选手指，直伸，与小指非对立；其余三指弯曲握拳	Y	表演、到、起床
23		小指为被选手指，指关节曲折；拇指为被选手指，直伸，与小指非对立；其余三指弯曲握拳	Y̤ₚ	尝试、实验、实习

（续表）

序号	常用手形	手形描述	手形符号	例子
24		小指为被选手指，掌指关节曲折；拇指为被选手指，掌指关节曲折，与小指对立、合拢；其余三指自然缩拢	Ÿ̂	小、细、具体
25		食指和中指为被选手指，直伸、并拢；拇指和其余两指弯曲握拳	H	处罚、命令、邮票
26		食指和中指为被选手指，食指指关节曲折，中指直伸；拇指和其余两指弯曲握拳	H̩	出租车
27		食指、中指为被选手指，掌指关节曲折、并拢；拇指和其余两指弯曲，贴于掌心	N	奶奶
28		食指和中指为被选手指，直伸、并拢；拇指为被选手指，直伸，与食、中指非对立；其余两指弯曲握拳	3	领导、北、摄像
29		食指和中指为被选手指，掌关节曲折、并拢；拇指为被选手指，与食、中指非对立；其余两指弯曲握拳	3̣	饲养、叔叔、省

(续表)

序号	常用手形	手形描述	手形符号	例子
30		食指和中指为被选手指,掌关节曲折;拇指为被选手指,掌关节曲折,与食、中指对立、合拢;其余两指弯曲握拳	3̂	气、七、订
31		食指和中指为被选手指,掌指关节曲折、展开;拇指为被选手指,掌指关节曲折,和食、中指对立;其余两指弯曲握拳	3̈	水龙头
32		食指和中指为被选手指,直伸、展开;拇指和其余两指弯曲握拳	V	剪刀、成立、跨
33		食指和中指为被选手指,指关节曲折、展开;拇指和其余两指弯曲握拳	V̈	跪、词、地铁
34		食指和中指为被选手指,直伸、交叉;拇指和其余两指弯曲握拳	X	是、秘密、区
35		食指和中指为被选手指,食指直伸,中指掌关节曲折;拇指为被选手指,掌关节曲折,贴于中指指间;其余两指弯曲握拳	K	咖啡、租、科技

(续表)

序号	常用手形	手形描述	手形符号	例子
36		食指和小指为被选手指,直伸;拇指和其余两指弯曲握拳	Z	字、紫色、基因
37		食指和小指为被选手指,直伸;拇指为被选手指,直伸,与食、小指非对立;其余两指弯曲握拳	Ⅲ	山、飞机、新
38		中指和无名指为被选手指,掌关节曲折;拇指为被选手指,掌关节曲折,与中指、无名指对立、合拢;其余两指自然展开	T	床、兔子、张(姓)
39		食指、中指、小指为被选手指,直伸;拇指和无名指弯曲、合拢	ZH	哲学、政治
40		食指、中指、无名指为被选手指,直伸、展开;拇指和小指弯曲、合拢	W	微信、插头、发誓
41		食指、中指、无名指为被选手指,掌指关节曲折、并拢;拇指和小指弯曲,贴于掌心	M	米(计量单位)、芒果

(续表)

序号	常用手形	手形描述	手形符号	例子
42		中指、无名指、小指为被选手指,直伸、展开;拇指和食指弯曲、合拢	E	名字、猫、王(姓)
43		中指、无名指、小指为被选手指,指关节曲折、展开;拇指和食指弯曲、合拢	Ë	三十
44		食指、中指、无名指、小指为被选手指,直伸、并拢;拇指弯曲、贴于掌心	B	关心、门、部长
45		食指、中指、无名指、小指为被选手指,掌关节曲折、并拢;拇指自然展开	Ḃ	开会、信、可以
46		食指、中指、无名指、小指为被选手指,掌指关节曲折、并拢;拇指自然展开	B̈	团结、庆祝、凉
47		食指、中指、无名指、小指为被选手指,直伸、展开;拇指弯曲、贴于掌心	4	专业、栏杆、烤串

（续表）

序号	常用手形	手形描述	手形符号	例子
48		食指、中指、无名指、小指为被选手指,指关节弯折、展开；拇指弯曲,贴于掌心	$\ddot{4}$	四十、诗
49		食指、中指、无名指、小指为被选手指,指关节曲折、展开；拇指自然展开	$\underset{=}{\ddot{4}}$	亲属、计算、机械
50		食指、中指、无名指、小指为被选手指,直伸、并拢；拇指为被选手指,直伸	U	复习、书、标准
51		食指、中指、无名指、小指为被选手指,掌关节曲折、并拢；拇指为被选,贴于食指侧面,与其他四指非对立	$\dot{U}$	盒子、重庆、贝壳
52		食指、中指、无名指、小指为被选手指,直伸、并拢；拇指为被选手指,掌关节曲折,与其他四指对立	$U_\perp$	白天、够、喊
53		食指、中指、无名指、小指为被选手指,掌关节曲折,并拢；拇指为被选手指,掌关节曲折,与其他四指对立、张开	$\dot{U}_\perp$	冰、薄、建设

（续表）

序号	常用手形	手形描述	手形符号	例子
54		食指、中指、无名指、小指为被选手指，掌关节曲折；拇指为被选手指，掌关节曲折，与其他四指对立、合拢	Ü^	教、绘画、化妆
55		食指、中指、无名指、小指为被选手指，掌指关节曲折；拇指为被选手指，掌指关节曲折，与其他四指对立、交叉	Ü˟	决定、秋、花
56		食指、中指、无名指、小指为被选手指，掌指关节曲折、并拢；拇指为被选手指，掌指关节曲折，与其他四指对立、张开	C	喝、杯子、带
57		食指、中指、无名指、小指为被选手指，掌指关节曲折；拇指为被选手指，掌指关节曲折，与其他四指对立、合拢	O	光荣、发展、公交车
58		食指、中指、无名指、小指为被选手指，直伸、展开；拇指为被选手指，直伸	5	手语、颜色、排队
59		食指、中指、无名指、小指为被选手指，指关节曲折、展开；拇指为被选手指，掌指关节曲折，和其他四指对立	5̈⊥	五十、虎、耙子

(续表)

序号	常用手形	手形描述	手形符号	例子
60		食指、中指、无名指、小指为被选手指，掌指关节曲折、展开；拇指为被选手指，掌指关节曲折，和其他四指对立	$\ddot{5}\downarrow$	问、雨、电影
61		五指均为被选手指，拇指和食指掌指关节曲折、张开，其他三指直伸、展开；拇指和其他四指对立	WC	厕所

说明：

《中国手语常用手形表》由上海大学中国手语及聋人研究中心从中国手语语料库中筛选出61个常用手形总结而成。该手形表结合国内外相关手语语音和音系研究对这些手形进行说明，并使用手形符号进行标记，形成字库文件CSL handshape2020，以方便中国手语的学习、研究和学术交流，如引用请注明该表出处。该字库文件下载后保存在Windows下的Fonts文件夹中，即可以在各类文字编辑软件的字体框中选择并使用。

常用手形表中的手形描述包含四部分：被选手指、非被选手指、手指关节状态、拇指状态。

该表中的手形符号在Stokoe的手形编码系统（*A Dictionary of American Sign Language on Linguistic Principles*, Stokoe et al,1976)、Brentari的手形编码系统（Handshape Coding Made Easier: A Theoretically Based Notation for Phonological Transcription, 2008)、《香港手语词典》(邓慧兰，2007）的手形符号系统以及汉语手指字母系统的基础上加以借鉴修改而成，共包含A、B、C、D、E、F、G、H、I、K、L、M、N、O、T、U、V、W、X、Y、Z、8、Ш、3、4、5等26个符号。英文大写字母T、I、M、R、P作为下标分别表示拇指、食指、中指、无名指和小指。其余标志含义如下：

"…"（Ä）表示掌关节和指关节均曲折。

".."（Ä）表示指关节曲折。

"."（Ȧ）表示掌关节曲折。

"^"（A^）表示拇指与其他被选手指合拢。

"x"（A^x）表示拇指与其他被选手指交叉。

"⊥"（A⊥）表示拇指为被选手指,并与其他被选手指为对立状态。当拇指为被选手指,且与其他被选手指合拢或交叉时,拇指与其他被选手指必然对立,则不再增加对立符号。

"_"（A）表示在某系列手形中,拇指为非被选手指,且拇指自然展开。

参考文献：

1. Stokoe, W., Casterline, D., Croneberg, D., *A Dictionary of American Sign Language on Linguistic Principles*, Silver Spring, Md: Linstok Press, 1976.

2. Eccarius, P., Brentari, D., "Handshape Coding Made Easier: A Theoretically Based Notation for Phonological Transcription", *Sign Language & Linguistics*, 2008, 11(1), pp.69-101.

3. 邓慧兰:《香港手语词典》,香港中文大学出版社,2007年。

4. 衣玉敏:《上海手语的语音调查报告》,复旦大学博士学位论文,2008年。

5. 张吉生:《上海手语音系》,华东师范大学出版社,2019年。

6. 教育部、国家语言文字工作委员会、中国残疾人联合会(发布):《汉语手指字母方案》(GF0021-2019),2019年。

附录2

词汇总表

0	12	**A**		北京	161
1	12			比较	5
2	12	阿姨	44	毕业	33
3	12	爱	34	变化	62
4	12	安静	5	便宜	112
5	12	安排	150	表哥	43
6	12	安全	100	表姐	44
7	12	澳大利亚	163	宾馆	148
8	13			冰雹	75
9	13	**B**		伯父	44
10	13	爸爸	42	不/别	66
20	13	白色	125	不懂/不知道	19
30	13	白天	80	不好意思	131
40	13	扳手	30	不会	19
50	13	帮助	20	不认识/陌生	130
60	13	报纸	83	不是	33
70	13	暴雪	75	不喜欢	46
80	13	暴雨	75	不行/不好	3
90	13	杯子	29	不一样	48
100	13	北	109		

C

菜	132
菜刀	28
苍蝇	143
草	144
插座	29
茶	132
铲子	28
长/远	4
唱歌	49
超市	98
潮湿	64
车站	98
成都	161
城市	150
(乘)公交车	99
橙色	125
吃饭	4
迟到	131
尺子	28
虫子	143
出生	34
出租车	98
除夕	92
穿	113
船	99
床	148
吹风机	29
春节	92
春天	63
词语	18
错误	17

D

打篮球	58
打雷	75
打排球	58
打乒乓球	58
打网球	59
打羽毛球	59
打折	116
大	115
大风	75
大概	100
大连	162
大雪	76
大雨	75
带	151
担心	65
蛋糕	82
刀	28
到	99
德国	162
登山	59
等	82
地铁	98
弟弟	43
电脑	50
电视	50
电影	50
电钻	30
东	109
东西	112
冬天/冷	64
懂/知道/明白	19
读书	16
端午节	92
对不起	130
对面	110
多少	3
多云	74

E

儿童节	94

F

发信息	131
法国	162
方法	101
放假	82
飞机	99
分钟	81
风	67
风景	149
服务	129
妇女节	93
复习	18

G

干净	148

干燥	64	后天	79	简单	19		
高兴	3	狐狸	143	见面/认识	3		
哥哥	43	蝴蝶	143	建军节	93		
各种	150	虎	142	降温	65		
给	82	互相	20	交流	48		
根	144	花	144	教	16		
跟	33	滑雪	59	教师节	94		
公园	98	化妆品	113	教室	16		
狗	142	画画	48	节日	80		
关心	34	欢迎	130	结婚	129		
广州	161	换乘（公交、地铁）	99	结束	65		
贵	112	黄色	125	姐姐	43		
锅	29	灰色	125	借	65		
国庆节	93	回答/问候	19	今年	79		
		回家	21	紧	115		
H		会	19	进步	20		
孩子	34	活动	114	近	99		
韩国	162	火车	98	经常/常常	5		
好	2			景点	149		
好不好	3	**J**		警察	32		
好吃	129	击剑	58	竞走	60		
喝	129	机场	97	酒	130		
河	151	集邮	49	酒店	128		
荷兰	162	几月几日	78	旧	115		
黑色	125	记住	18	舅舅	43		
很	2	季节	64	舅妈	43		
很好	2	加班	5	菊花	145		
红色	125	家	31	举手	19		
猴	142	假	116	举重	60		
后	109	剪刀	28	聚会	128		

卷尺	29	聋人	129	明天	63		
		路	97				
K		旅游	148	**N**			
咖啡	131	绿色	124	那	33		
咖啡色/棕色	125	螺丝刀	29	奶奶	42		
开始	33			男	31		
看	3	**M**		南	109		
看到	100			难	20		
考试	18	妈妈	42	你	1		
可以	3	买	113	你们/大家	2		
快	100	卖	113	年	78		
筷子	28	慢	100	鸟	143		
		忙	5	牛	142		
L		猫	142	女	31		
		没关系	130				
来	47	没有₁	4	**P**			
兰花	145	没有₂	4				
兰州	162	玫瑰花	144	排队	99		
蓝色	124	每年	78	旁边	109		
榔头	30	每天	79	螃蟹	144		
劳动节	93	每月	78	跑步	58		
老人	34	每周	79	陪	151		
老师	17	美国	162	烹饪	49		
老鹰	143	妹妹	43	朋友	32		
累	150	闷热	64	碰面/遇见	131		
礼物	82	米饭	81	漂亮	150		
里面	65	蜜蜂	143	票	149		
联系	148	面条	81	平时	47		
练习	18	秒	81				
邻居	32	名字	1	**Q**			
龙卷风	76	明年	79	妻子	42		

期待	82	如果	65	手表	81
(骑)摩托车	99			手机/电话	113
(骑)自行车	99	**S**		手语/打手语	18
千	13	扫帚	29	书店	97
铅笔	28	沙尘暴	76	叔叔	44
前	109	山	151	梳子	29
钱	112	闪电	75	舒服	149
钳子	28	商店	96	树	144
浅绿色	125	上	109	刷卡	114
亲戚/亲人	32	上海	161	刷子	29
青年	34	上课	17	双人床	149
青年节	93	上网	48	谁$_2$	33
青色	124	勺子	29	睡觉	34
青蛙	143	射击	58	说	20
清明节	92	摄影	50	松	115
情人节	94	深绿色	125	松树	144
晴	74	深圳	161	送	83
请	2	沈阳	162	随便	131
请客	4	婶婶	44	孙女	43
秋天	63	升温	64	孙子	45
取/拿	83	生活	4	损坏	66
去	47	生日	81		
去年	79	圣诞节	94	**T**	
拳击	60	什么/哪儿/谁$_1$	3	他们	2
		时间	4	他/她/它	1
R		食堂	96	太阳	66
人	31	事情/办事	128	堂哥	44
人民广场	96	试一试	115	堂姐	44
日本	162	视频	50	踢足球	58
日/天	78	是	33	体操	59

天津	161	温度	64	小雨	75		
天空	66	蚊子	143	谢谢	2		
天气	62	问	18	新	115		
跳	48	问题	19	新西兰	162		
跳高	59	我	1	兴趣	46		
跳水	59	我们	1	星期一	80		
跳舞	50	无线上网 WiFi	150	星星	66		
跳远	59	武汉	162	休息	21		
听说	66	武术	60	休闲	48		
听音乐	50	雾	75	选择	113		
通知	131	雾霾	76	学生	17		
同事	32			学习	17		
同学	32	**X**		学校	16		
图书馆	96	西	109	雪	67		
兔	143	西安	161				
退步	20	西藏	161	**Y**			
拖把	29	习惯	100	颜色/彩色	124		
		喜欢	46	羊	142		
W		虾	144	要	20		
外公	42	下	109	爷爷	42		
外面	65	下课	17	也/一样	4		
外婆	42	下午	63	一分	113		
外孙	44	夏天/热/出汗	63	一个月	80		
外孙女	45	现在/今天	31	一角	113		
玩	131	羡慕	150	一年	80		
晚上	80	相信	4	一起	47		
万	13	橡皮	28	一元	112		
危险	148	小	115	一直	46		
微信	114	小时	81	一周	80		
为什么	83	小雪	76	衣服	83		

医生	32	月亮	66	中午	63		
以后	47	钥匙	150	中雪	76		
以前	46	云南	162	重庆	161		
亿	13	运动/体育	49	重阳节	92		
阴	75			周末	47		
银行	97	**Z**		周围	110		
银行卡	114	再	114	猪	142		
英国	162	再见	20	祝贺/祝福	129		
用	65	在	31	著名	150		
邮局	97	早上/上午	63	专心/认真	20		
游泳	58	丈夫	42	转弯	100		
有	33	照片	149	准备	66		
右	109	这	33	着急	130		
鱼	144	阵雨	74	紫色	125		
雨夹雪	76	真	116	自己	35		
雨伞	67	正好	115	粽子	82		
雨/下雨	62	正确	17	走	47		
玉兰花	145	郑州	162	最近	5		
预订/订	130	支付	114	昨天	62		
元旦	94	直	101	左	109		
元宵节	92	质量	115	作业	18		
圆规	28	掷铅球	59	坐	131		
约会	49	中国	161	做/工作	5		
月饼	81	中间	109				
月(份)	78	中秋节	93				

图书在版编目(CIP)数据

中国手语教程:初级/倪兰主编. —上海:复旦大学出版社,2020.11(2023.9 重印)
(博学. 特殊教育系列)
ISBN 978-7-309-15311-8

Ⅰ.①中… Ⅱ.①倪… Ⅲ.①手势语-中国-特殊教育-教材 Ⅳ.①H126.3

中国版本图书馆 CIP 数据核字(2020)第 159029 号

中国手语教程:初级
倪　兰　主编
责任编辑/宋启立

复旦大学出版社有限公司出版发行
上海市国权路 579 号　邮编:200433
网址:fupnet@fudanpress.com　http://www.fudanpress.com
门市零售:86-21-65102580　团体订购:86-21-65104505
出版部电话:86-21-65642845
上海丽佳制版印刷有限公司

开本 787 毫米×960 毫米　1/16　印张 12.25　字数 194 千字
2023 年 9 月第 1 版第 2 次印刷
印数 5 101—8 200

ISBN 978-7-309-15311-8/H·3032
定价:58.00 元

如有印装质量问题,请向复旦大学出版社有限公司出版部调换。
版权所有　　侵权必究